偏差値20アップは当たり前！

「本当の国語力」が驚くほど伸びる本

ふくしま国語塾 主宰
福嶋隆史

大和出版

はじめに

わが子に「本当の国語力」を身につけさせたいあなたへ

この本を手にしたあなた。

あなたは幸運です。

あなたにとって、この本との出会いは、１つの大きな転換点になるはずですから。

「国語力って、こういうものだったのか！」

「こんなにシンプルな方法で、国語力を伸ばせるなんて！」

きっと、納得と驚きの連続でしょう。

いや、もしかすると、少し不信感をもってこのページを読んでいる方もいらっしゃるかもしれません。

「『本当の国語力』なんて聞き飽きた。

似たような本をかなり読んだけれど、何が『本当』で何が『国語力』なのか、結局のところは、よくわからなかった。

なんとなくわかったとしても、『じゃあどうすればいいの？』という気持ちが残った」

そんな方も、いらっしゃることでしょう。
ご安心ください。この本は、それらすべての不信感をすっきりと晴らします。
かゆいところに手が届く。いますぐにでも、わが子に試してみたくなる。
そんな内容が、ぎっしりとつまっています。
さて、その具体的な内容に入る前に、まずは次の事実をご覧ください。
これらすべては、私の国語塾に通っている生徒と保護者のみなさんの、生の声です。

●25倍近い高倍率の、しかも偏差値60を超える入試（首都圏女子校）で見事合格。2科目受験（国語と算数）だったので、国語が苦手なままだったら、その学校の受験自体考えなかったと思います。この合格は娘の大きな自信になりました（小6女子保護者）

●日能研の国語テストでは、いつも偏差値40台。30台のときもありました。でも、先生に習い始めてからは、よい成績が多くなり、最近は偏差値64（受験者数、約1万1000人のなかで750位）をとったこともあります（小5男子）

●センター模試（日能研）の偏差値が半年で50台から60台に上がり、最高で偏差値64、四谷大塚の試験では偏差値65をとることもできました（小6女子）

●中2・前期の期末試験は72点でしたが、後期の中間試験では81点、後期の期末試験では99点

になりました（中2男子）

●日能研のテストで150点中148点をとり、大変驚きました（小6女子保護者）

●最初36点だったK塾の読解テストで83点とれた！（入塾4カ月時）（小5男子）

●日能研の偏差値で平均44前後だったのが、1年で60近くにまで上がり、ついにあこがれの第一志望校に合格できました。何よりも、息子が先生を信頼し、勉強を楽しんでいる様子が印象的でした（小6男子保護者）

●市の学力状況調査テストがあったのですが、読解が満点でした！（小5女子）

●高校入試の合格判定模試で約1600人中86位（偏差値68）を獲得！（中3男子）

●海外留学を決める学内選考で提出した作文では、先生のアドバイスのおかげでうまくまとめることができ、見事に留学を決めました（高1男子）

●まだ数カ月指導していただいただけなのですが、学校の定期テストで初めて学年順位1ケタをとることができ、本人も成果を実感しているようです（高2男子保護者）

●入塾時には偏差値42でしたが、1年後には63まで上がりました。とくに読解問題の正答率が格段に上がりました（小4男子保護者）

●通塾から1年半。試しに大手塾の大規模なテストを受けさせてみたら、ほとんどトップに近い成績（偏差値70近く）で驚きました（小3女子保護者）

いかがですか？

ここに書いた数値はもちろん、すべて「国語」についての成績です。

他教科のものは、いっさい含まれません。

「もともと優秀な子が多いだけなんじゃないの？」

そんな声も聞こえます。

でも、それは違います。

私の塾に通う生徒の8割は、「国語力がどうしようもなく低いので、なんとかしてほしい」「国語だけが足を引っ張っていて、志望校に手が届かない」といった、国語に困り果てた子たちです。

そういう子たちが、着実に力を伸ばしているのです。

本当にそんな指導方法があるのなら、わが子に試してみたいと思いませんか？

どうぞ、お試しください。

その方法の数々を惜しげもなく公開しているのが、この本なのです。

この本に書かれた方法を実践すれば、お子さんの国語力は飛躍的に伸びます。

小学生はもちろんのこと、中学生・高校生でも、驚きの効果が上がります。

「国語はセンスの科目。だから、どんな方法でやっても結局、無駄なのでは？」

そんな声もまた、聞こえてきます。

しかし、それも思い違いです。

国語は、センス（感性）の科目ではありません。

国語は、論理の科目です。


「センスの国語」は、ニセモノです。

「論理の国語」こそが、ホンモノです。


「本当の国語力」は、練習を積み重ねれば着々と高まっていきます。

いわば、レンガを積みあげていくようなものです。

そこには、確かな安定感と手ごたえがあります。そしてレンガは、その子が成人してからもずっとその子を支え続けます。

それに対して、「センスの国語」は、とうふを積みあげていくようなものです。それはとても不安定であり、その子の人生を支えていく力がありません。

算数に「計算方法・解法」があるのと同じように、国語にも「書く方法」「読む方法」

があります。

その「方法」こそが、1つひとつの「とうふ」を「レンガ」に変えていきます。

その過程は、まるで魔法のようです。

魔法なんて書くと、何か特別なことのように感じられるかもしれません。

でも、大丈夫。

これは、だれにでもできる、ごくシンプルな魔法です。

だれにでもできるはずなのに、多くの子ども・親・教師たちが、これまで試してこなかった――。

ただ、それだけのことなのです。

この本は、そんな魔法の手ほどき書です。

さあ、次々と訪れる「納得と驚き」を、どうぞ楽しんでください。

ふくしま国語塾　主宰　**福嶋　隆史**

「本当の国語力」が驚くほど伸びる本

●目次

contents

第1章――じつに意外！ 国語ほどシンプルでクリアな科目はない

第2章——国語力アップの決め手！「言いかえる力」はこう身につけよう①

第3章――国語力アップの決め手！「言いかえる力」はこう身につけよう②

終章 親の心がまえ・接し方で、子どもの未来は大きく変わる

本文デザイン／村﨑和寿（シーサイラ）
図版作成／Ｍ・Ｆａｃｔｏｒｙ

序章

なぜ、私の教え子たちはグングン国語力をつけていったのか?

1 国語で本当に求められている力とは何か？

◇小学校教師である私の前に立ちはだかった壁

「はじめに」でもお話ししたように現在、私は国語塾を開いていますが、その前は公立小学校の教師でした。

話は、教師になったばかりのころにさかのぼります。

新人教師とはいえ、私は、かなりの自信をもって毎日の授業を行っていました。赴任するまでの間にかなりの本を読んで指導法を研究しており、そもそも児童館などでの職歴もあって子どもには十分に慣れていた私は、授業を楽しむような余裕さえ感じていました。

そんな教職1年めの、初夏のある日のことです。

3年生の担任だった私の国語の授業を、教頭先生と、初任者指導を担当している先生とが2人で見学に来ました。

教頭先生が見学しているとはいえ、国語は昔からの得意科目でしたし、その日もとくに動じることはありませんでした。

しかし、その日の放課後の教室で行われた研修の席で、私は自分の無知と、考えの浅はかさに恥じ入ることになりました。

それは、教頭先生の次の言葉がきっかけでした。

「福嶋先生は、この授業を通して、子どもにどんな力を身につけさせたかったのですか？簡単に言うと、どういうことを教えたかったのですか？」

私は、その質問に答えられませんでした。

あれこれと考えは浮かびますが、どうしても1つにはまとまらないのです。

教頭先生はおっしゃいました。

「教える側にはっきりとした指導目標がなければ、子どもも、何かを学びとることはできませんよ」

その日から私は、毎回の授業のたびに、自問自答するようになりました。

「この授業で、自分は何を教えたいのか？　子どもに、どんな力を身につけさせたいのか？」

それを日々繰り返していくうちに、私は、自分の授業にだんだんと本当の手ごたえを感じるようになっていきました。

算数なら、「2桁×1桁の掛け算で繰りあがりがある場合の計算方法を身につけさせる」とか、体育なら、「マット運動で前転する際の手のつき方や足の運び方を身につけさせる」などといった具合に、明確な目標のもとに指導を行った結果、子どもたちの力は着実に伸びていくようになったのです。


しかし唯一、国語だけは、釈然としませんでした。


教科書に載っている文章を、いかに計画的に、いかに綿密に指導しても、子どもたちに確固たる国語力が育っているという実感がありません。

それは、「どんな力を身につけさせたいのか？」という問いの「どんな力」の部分が、いつももう一歩〝あいまい〟だったからでした。

「算数や体育に見られるような明確な目標が、国語にも必要だ……。『計算の方法』『前転の方法』があるように、国語にも『読み書きの方法』がなければおかしいのではないか……」

私は、日々それを考えていました。

2 「だれにでも真似できる方法」だから、どの子も伸びる!

◇算数と国語の決定的な違い

その後、私は小学校教師の職を辞しました。

次のような考えがあったからです。

「10科目にも及ぶ教科指導を担任1人がすべて請け負うのには、やはり無理がある。どうしても、どこか中途半端になってしまう。それよりは、むしろ、1つの科目にしぼり込んで専門的に指導していくほうがよいのではないか?

1つにしぼり込むなら、国語以外に選択肢はない。

国語力は、子どもの人生を決定する原動力なのだから」

そして私は一念発起し、国語専門の私塾を創設したのです。

それからも、「方法」の追求は続きました。

私の塾にやってくる生徒たちは、「国語が苦手なので、なんとかしてほしい」という子たちばかりでしたから、いよいよもって、「方法」が必要不可欠になってきました。

そんなある日。

私のもとを訪れるお母さん方には、次のようなことを話す方がかなり多いということに、私はふと気がつきました。

「算数はそれなりにできているのですが、国語だけがどうしても伸びないんです」

「算数は安定しているのですが、国語はよかったり悪かったりで安定しません」

これは、いったいどういうことなのだろう？

算数と国語の決定的な違いとは、何なのだろう？

数カ月後。

それに対して私が出した答えは、こうです。

「**『子ども自身が真似できる方法』**が、あるかないか？

それが、決定的な違いだ。

単なる『方法』ではない。『真似できる方法』だ。

説明を聞けばひととおり納得できて〝すごいなあ〟と思えるような方法でも、真似できないのでは意味がない。

子どもが、そっくりそのまま真似できるほどに、シンプルな方法でなければ……。

それはつまり、**『公式』**だ。

国語にも、算数のように『公式』が必要なのだ」

その日、私のなかには明確なビジョンができあがりました。

「どんな読解問題でも、どんな作文課題でも、すべてに共通して有効な『公式』を見出そう。そして、それを子どもたちに伝えることを、ライフワークにしていこう」

◇教え子の偏差値が短期間で20もアップ!

その後、私は何百問もの読解問題を解き、教え、子どもたちが書いた何百もの記述解答や作文を添削指導するなかで、「公式」を形にし、子どもたちに教え続けました。

そんなある日。

私は、それまで教え続けてきた「公式」の力を確信できる場面に出会ったのです。

ここで、男子生徒（K君）のエピソードをご紹介しましょう。

K君は、大手塾に通いながらも国語の成績が伸び悩んでおり、小学5年生の冬に私の塾の扉をたたきました。

明るく素直な性格ながらも文字は雑で、選択肢も感覚的にさらっと選んでしまうような、決して優等生とは呼べないヤンチャなタイプの子でした。

当初、大手塾の模試における国語の偏差値は、40台。

そんなK君が私を驚かせたのは、中学受験本番の数カ月前の、ある夜のことでした。

K君は、入試問題（過去問）の、とある難しい問いで正解を出しました。

ただ、それが選択式問題だったので、私は念のため、その根拠を説明するようにうながしました。あてずっぽうでできただけかもしれないと思ったのです。

すると、K君はなにげなく説明を始めました。

「文章のこの部分とこの選択肢は、同じ内容が言いかえられていて、要するに、両方の関係がイコールだから……」

あまりにも的を射た解説に、私は目を丸くしました。

ときどき居眠りをしながら問題を解いていたようなK君が、私が日ごろ教えていた「公式」の内容をいつの間にか自分の血肉としていたことを知り、私は驚くとともに、うれしくなりました。

「これが、『身についた』ということなんだ。

『公式』は、どんなに国語が苦手な子であっても真似しながら『体得』していけるものなんだ」

そんな確信が、その夜、私のなかに刻まれたのです。

そしてK君は、見事、第一志望の最難関私立中学（偏差値67）に合格しました。

合格後、驚きを隠せないお母さんと一緒にあいさつに訪れたK君の、あの誇らしげな表情が、いまでも忘れられません。

さて、このような成果を生んだ「だれにでも真似できる方法」、つまり**「国語の公式」**とは、いったいどんなものなのでしょうか？

そろそろ、核心部分へと移ることにしましょう。

3 「論理的思考力」が子どもの運命を変える!

◇「論理」は大人だけのものなのか?

だれにでもすぐ真似できて役に立つ、国語の公式——。
それはいったい、何なのでしょうか?

答えはズバリ、「論理」です。
そして、その「論理」を使いこなす力が、「論理的思考力」です。

大人にとっては、さほど珍しい言葉ではないでしょう。ちまたの書店に行けば、ビジネスマン向けの「論理的思考力を高める本」は山ほど積まれています。
ところが、子どもの「論理的思考力」を高める本は、なかなか見つかりません。まだまだ開発途上の分野なのでしょう。

あるいは、子どもに「論理」は難しい、という考え方があるのかもしれません。

その証拠に、「小学校学習指導要領（平成20年）」を見ると、全教科・全104ページのなかで、「論理」という言葉はなんと「1回」しか登場しません。


しかし、論理とは、はたして大人だけのものなのでしょうか？

子どもは、論理的にものごとを考える必要がないのでしょうか？

あるいは、論理的に考えることが「できない」とでもいうのでしょうか？


そんなはずはありませんよね。

子どもによって差はあるでしょうが、6歳にもなれば、論理的にものごとを考える素地は十分育っていると私は思います。

私は、児童館・学童保育、小学校、そして塾において、優に1000人を超える子どもたちと向き合ってきましたが、論理的思考力の「芽」は、どの子にも見られました。

きっと、あなたのお子さんも、同じではないでしょうか？

論理とは、大人だけのものではありません。

子どものうちから、じっくり、しっかり、育てていくべきものなのです。

◇難しいことがらを「単純化」するだけでいい

たしかに、「論理」という言葉には、ちょっと難しい響きがあります。

でも、どうぞご安心ください。


論理的思考とは、決して「難しく考えること」ではありません。

論理的思考とは、難しいことがらを「単純化すること」なのです。


そうでなければ、だれにでも真似できるはずがありませんよね。

だれにでもできるはずなのに、多くの子ども・親・教師たちが、これまで試してこなかった、ごくシンプルな魔法——それが論理的思考です。

では、論理的思考力とは何か？

それはズバリ、次の3つです。


「言いかえる力」

「くらべる力」

「たどる力」


たったこれだけです。

先のK君をはじめ、「はじめに」にあげたような数々の成果も、みな、この「3つの力」を身につけたことで生まれたのです。

しかも、方法はいたってシンプル。

とくに難しいことをする必要はありません。

にわかには信じられないかもしれませんが、本当にこの3つだけで、お子さんの国語力は確実に高まっていくのです。


「『3つの力』をつけるだけで、国語力がアップするって？　早くその方法が知りたい」


さっそくその具体的なステップへと進みたいところなのですが、少しお待ちください。

その前に、大切なことがあります。

それはまず、国語をめぐるさまざまな**「誤解」**を晴らしていただきたいということ。

そして、なぜ「国語力は論理的思考力である」と言えるのかについて、理解を深めていただきたいということです。

第1章は、あなたが、そしてお子さんが新しい国語と出会うための大切な準備となります。

さあ、ひとつ深呼吸をして、ページをめくってください。

第1章

じつに意外！　国語ほどシンプルでクリアな科目はない

1 だから伸びない！国語にまつわるこれだけの誤解

◇世間に流れる定説の大ウソ、あなたは見抜けますか？

序章で、私は「論理的思考力、つまり〝3つの力〟だけで国語力は確実に高まっていく」と書きました。

「すぐにでもその方法を詳しく知りたい」

あなたは、このように思われているかもしれませんが、少しお待ちください。

この本を手にとるような高い向上心をおもちのあなたでも、もしかすると、国語に対する間違ったイメージをすでに抱いているかもしれません。

そしてそのイメージが、「論理の国語」との新しい出会いを邪魔してしまう危険性もあります。

そこで、まずは国語に対する誤ったイメージを一新すべく、世間に流れているいくつかの〝定説〟を検証することにしましょう。

◇大ウソ① 国語の答えは1つではない。もっと自由な科目のはず

じつはこの言葉、「答えの数」を文字どおり気にしているのではありません。

その真意はこうです。

「国語は味わう科目なのだから、テストをやって答えを決めつけたりするな。そもそもテストなんかできないはずだ。文章の味わい方や感じ方に、決まった〝答え〟などない」

たしかに、文章の「味わい方や感じ方」に答えはありません。自由です。いや、むしろ自由でなければなりません。

たとえば、感動の度合いを点数で評価するなんて、私も大反対です。

しかし、それはあくまでも、国語を「味わう科目」と位置づけた場合の話です。

国語とは「論理的な読み方・書き方」を学ぶ科目であり、「味わい方」を学ぶ科目ではありません（詳しくは次の節で述べます）。

さらに、「味わい方」はテストできませんが、「論理力」はテストできます。

もしあなたが、わが子の国語力を伸ばしたいという願いを捨てるのなら、「味わう国語」「センスの国語」を受け入れてもかまいません。

しかし、願いをかなえたいのなら、そんな考え方とは早くサヨナラすることです。

◇大ウソ② 国語はあいまいな科目で、とらえどころがない

あなたが子どもだったころに受けてきた国語の授業は、どんなものでしたか？
ほとんどは、おそらくこういう授業でしょう。
小学校なら、文章を紙芝居や劇にする。感想文を書く。感想を発表し合う。
中高や塾なら、先生が淡々と（あるいは熱心に）文章の解説をし、それを黒板に書く。
生徒は、それを淡々と（あるいは熱心に）書き写す。
たったそれだけ。
だれもが、そういう授業を当たり前のように受けてきました。
「一貫した勉強方法がない。自分がいったい何を学んでいるのかがわからない。
あいまいで、とらえどころがない。淡々とやっても熱心にやっても変わらない。
それが国語なんだ。算数・数学のように、公式や解法があるものではないんだ」
だれもが、そう思い込まされてきたのです。
しかし、「国語」そのものは、じつは決してあいまいではありません。
あいまいなのは、あくまでも「授業」です。
これまでに受けてきた多くの「授業」があいまいだったがために、「国語」そのものま

であいまいであると錯覚してしまっただけなのです。

曇りガラスの奥にあるぼんやりとした暗い光に目を凝らすような、あいまいな国語。

そんな国語の授業の古い記憶は、ここできっぱり消し去りましょう。

透明でクリアな「論理の国語」が、あなたのお子さんを待っているのです。

◇大ウソ③ 国語の勉強法は、読書以外にないのでは？

「国語の勉強なんて漢字以外やらなくていい。とにかく読書量を増やすだけでいい」

「国語力を伸ばすには、結局のところ読書量を増やすくらいしか方法がない」

国語の専門家までもが、そのような論を展開していることがあります。驚きです。

もちろん、読書が重要であること自体については、異論の余地がありません。

「たくさんの本を読むほうが国語力が伸びる」というのも、事実です。

しかし、「読書だけでいい」「読書しか方法がない」という「読書万能説」は、さすがに暴論だと言わざるを得ません。

もし本当に読書が万能なら、小中学校の全授業に占める国語科の授業時間数の比率の高さを、どう説明するのでしょうか？

ちなみに、これらはすべて「授業」です。フリーな「読書タイム」ではありません。

小学校6年間における	国語の授業時間数	全授業時間数	↓国語の比率
	1461時間	5645時間	↓約25・9％
義務教育9年間における	国語の授業時間数	全授業時間数	↓国語の比率
	1846時間	8690時間	↓約21・2％

いずれも、他教科と比較して断トツでトップの数字となっています（データは「学習指導要領」——平成20年）。とくに小学校においては、じつに全授業の4分の1強が国語なのです。

これだけを見ても、国語には意図的な「授業」が必要であって、自由な「読書」だけではよいはずがないことがわかるでしょう。

そもそも、感情の動物として生まれた人間は、意図的な学習によってしか「論理」を獲得することはできません。「読書だけでいい」というのは、明らかに暴論なのです。

では、国語力を伸ばすために不可欠であるその「授業」は、いったいどのように行われているのでしょうか？

はたして、論理的思考力を育てる仕組みができているのでしょうか？

次は、この点について確かめておくことにしましょう。

2 学校でも進学塾でもダメなのには、決定的な理由があった！

◇こんな授業では決して力がつかない

私は、小学校の現場で、ひどい国語の授業を数かぎりなく見てきました。

また、私はある大規模な教師の研究団体に所属していましたから、同様の授業が日本中で行われているということを、自分の経験を超えて詳しく知っています。

いや、じつはあなたも、たくさんご存じのはずです。わが子の授業参観を通して……。

それは、いわば「味わう授業」です。

『ちいちゃんのかげおくり』などの戦争文学なら「悲しいね」「戦争はよくないね」で終わり。『やまなし』などの幻想的物語なら「ふしぎだね」「美しいね」で終わり。

どれも、物語の〝内容〟を味わって終わりです。

それは、まるで道徳の授業です。

これらの授業には、「感想を書かせる」「紙芝居にする」「音読劇にする」など、いろいろな展開パターンがありますが、どれもこれも、結局は「味わう」ことだけが目的です。どんな言葉でどのように書かれているのかといった〝形式〟を詳細に検討していく、いわば「読み方」を学ぶ授業には、めったにお目にかかれません。

〝内容〟重視の傾向は、説明文を読む授業でも同じです。そこに虫の育て方が書いてあれば、まるで「理科」のように実際に虫を育てたり、ニュース番組のつくられ方が書いてあれば、まるで「社会科」のように実際にニュースをつくったりするような、おかどちがいの授業が多々見られます。

もちろん、これらの傾向は「書く」授業でも同様です。

読書感想文、運動会などの行事のあとに書く作文、その他どんな作文でも、学校で重視されているのは、「本を読んでいかに感動したか?」「運動会で、いかに団結し、いかに頑張ったか?」といった〝内容〟ばかりです。

「書き方」、つまり〝形式〟はいっさい教えません。

そして、「自由に書いてごらん」のオンパレード。自主性尊重の美名のもとで、教師はラクをし、一方の子どもは「どう書けばいいのか?」がわからず、苦しみます。

◇やればやるほど嫌いになってしまう進学塾の国語

学校の惨状をざっとご紹介しました。

では、進学塾はどうでしょう？

残念ながら、多くの進学塾の授業もまた、歓迎できるものではありません。

大手進学塾の多くで国語の授業の大半を占めているのは、長文読解の問題演習です。

それは、２０００〜４０００字にも及ぶ難解な長文を読ませ、10〜15にも及ぶ「問い」を解かせることを繰り返すという、強硬手段です。

問題を解かせてはあれこれ解説をし、また解かせては解説をし……。

これをバスケットボールにたとえるなら、練習を積んでいない選手にいきなり試合をさせてはコーチがお説教をし、また試合をさせてはお説教をし……というやり方です。

これで力がつくはずがありません。

こんな「ぶっつけ本番の繰り返し」だけで力がつくのは、学ぶ力の高い、ひとにぎりの優れた子だけです。

ほとんどの子は、間違いなく落ちこぼれていきます。

こんなやり方では、子どもたちが**「国語嫌い」**になっていくのも無理はありません。

優れたコーチは、パス練習・ドリブル練習・シュート練習などを、手を変え品を変えながら行わせ、「いつの間にか選手たちに力がついていた」という状態を生み出します。

パス・ドリブル・シュート。

それら1つひとつの「技術・方法」、つまり〝形式〟を身につければこそ、選手は、それらの力を総合的に発揮しながら、勝利を手にすることができるようになるのです。

◇大切なのは「どう読むか?」「どう書くか?」

学校は、文章が伝えるメッセージ（道徳的メッセージなど）の内容にこだわりすぎた結果、それを伝えている言葉とその使い方を学ぶという国語本来の目的を見失いました。

「言葉とその使い方」を学ぶのが、国語である――。

当たり前のことですよね。

しかし、残念なことに多くの人が、その「常識」を忘れてしまっていたのです。

進学塾は、さすがに、内容にこだわった道徳のような授業はしません。

しかし、「言葉とその使い方＝読み方・書き方」を、「子どもが自分自身で使える方法」

にまでシンプル化するという作業が、まだまだ足りないのです。

学校でも進学塾でも国語力が伸びない決定的な理由。

それはズバリ、**「方法」**の軽視にあったのです。


国語は、「何を読むか?」ではなく、「どう読むか?」です。

国語は、「何を書くか?」ではなく、「どう書くか?」です。


「読む方法(型)」「書く方法(型)」こそ、重要です。

私は、いつもこの明確な観点のもとで指導を行っています。

明確な観点のある指導を受けているからこそ、子どももまた、自分が学んでいることを明確につかむことができます。

これが、「はじめに」や序章でご紹介したような数々の成果を結実させた、最大の秘訣なのです。

さあ、ここまでで、あなたのなかにある古いイメージは一新されましたね。

新しい国語に出会うための準備は整いました。

さっそく、第一歩を踏み出しましょう。

3 ズバリ、これが「本当の国語力」の根幹だ！

◇論理のもつエネルギーは太陽のように力強い

ここで、新しい国語のイメージを大まかにつかんでいただくために、まずは言葉の定義から考えていきましょう。

「国語力」という言葉は、世間でさまざまに定義されています。表現力。コミュニケーション力。読解力。作文力。文章力。語彙力。漢字力。会話力。どれも、間違いではありません。

しかし、どれもが部分的・断片的です。

コミュニケーション力という言葉はかなり全体をとらえていますが、これにしても、「そのコミュニケーションのために何が必要なの？」という問いには、答えられていません。

これこそがズバリ、国語力である。

これこそが、国語力の心臓部である。

そう言いきれる一言は、ないのでしょうか？

あります。

すでに何度か出てきた言葉……。

そう、「論理的思考力」です。

次ページの図（太陽系モデル）をご覧ください。

論理的思考力とは、いわば太陽です。

すべての中心に位置し、絶大なエネルギーと引力をもっています。

そのほかの力は、どれも惑星です。

書く力／読む力／話す力／聞く力／文法力。

これらは、中心に太陽があればこそ命を吹き込まれ軌道を回り始めますが、太陽がなければ動くことはできず、いわば死んだ状態になってしまいます。

「本当の国語力」の太陽系モデル

中核の恒星………論理的思考力

個々の惑星………書く力／読む力／話す力／聞く力／文法力

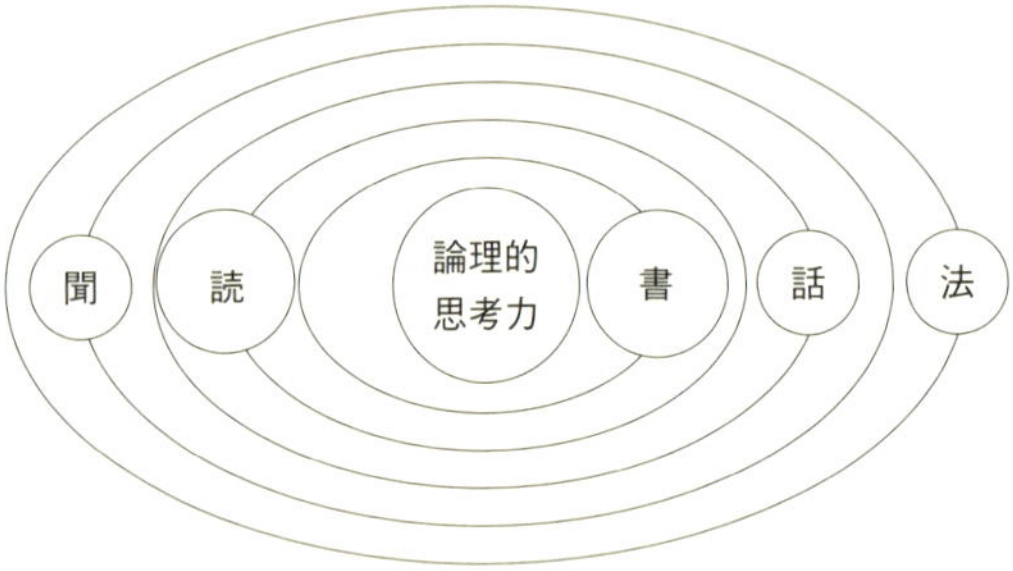

論理的思考力によって、命が吹き込まれた状態。各分野が統合されて、有機的に働き出す。

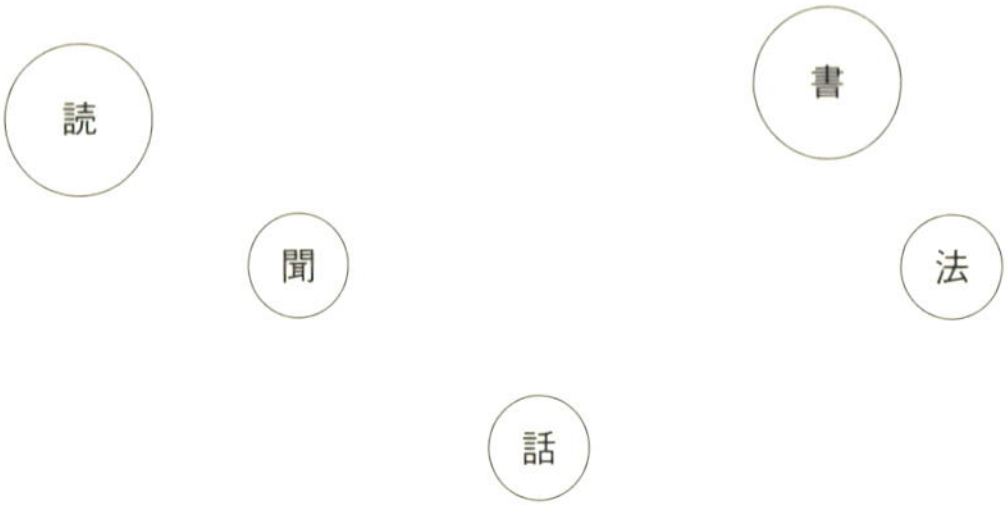

各分野がバラバラのままで、いわば死んだ状態。このままでは、国語力として機能しない。

※　語彙力は、論理の影響を直接には受けないため、ここには記していない。ただし、論理によって、より強固にしていくことができる（108ページ参照）。

◇学び方ひとつで伸び方はこれだけ変わる

ここで、太陽が惑星を引きつけ、そこに命を吹き込む仕組みについて、**「読む力（読解力）」**を例に考えてみましょう。

ある子が、文章Aを読み、次に文章Bを読み、そのあと文章Cを読んだとします。

このとき、2とおりの学び方があります。

① A、B、Cをバラバラの文章として扱う学習
② A、B、Cの共通点を見つけていく学習

どちらが、「読む力」をつけるのでしょうか？

バラバラに読む学習では、Aという文章を読んだらそれで終わり、Bという文章を読んだらそれで終わり、Cという文章を読んだらそれで終わりです。

Aの理解度は10段階の2、Bの理解度も10段階の2、Cの理解度も10段階の2。

こういう学び方をした子は、新しい文章Dに出会ったときも、理解度2のままです。

一方、共通点を見つけていく学習では、どうでしょう?

Aの理解度は10段階の2、Bの理解度は10段階の3、Cの理解度は10段階の5です。

新しい文章Dに出会ったとき、この子の理解度は8にまで上がることでしょう。


なぜ、そうなるのでしょうか?

それは、Aという文章を読んだときに「ほかのどんな文章にも共通する論理的な読みの型(形式)」、すなわち**「論理的な読み方」**を学んでいるおかげで、BやCの文章でもその読み方を用いながら自分自身で読み解いていくことができるからです。


以上のように、国語力の成長曲線は、論理的思考力によってグングン上向きになっていくのです(次ページの図参照)。

論理を意識しない国語では、読み書きをどれだけ練習してもほとんど役に立ちません。

死んだ惑星と同じです。

ハイレベルな読解問題集を100冊こなそうが、原稿用紙100枚の作文を書こうが、たいした成長は望めません。

国語力の成長曲線

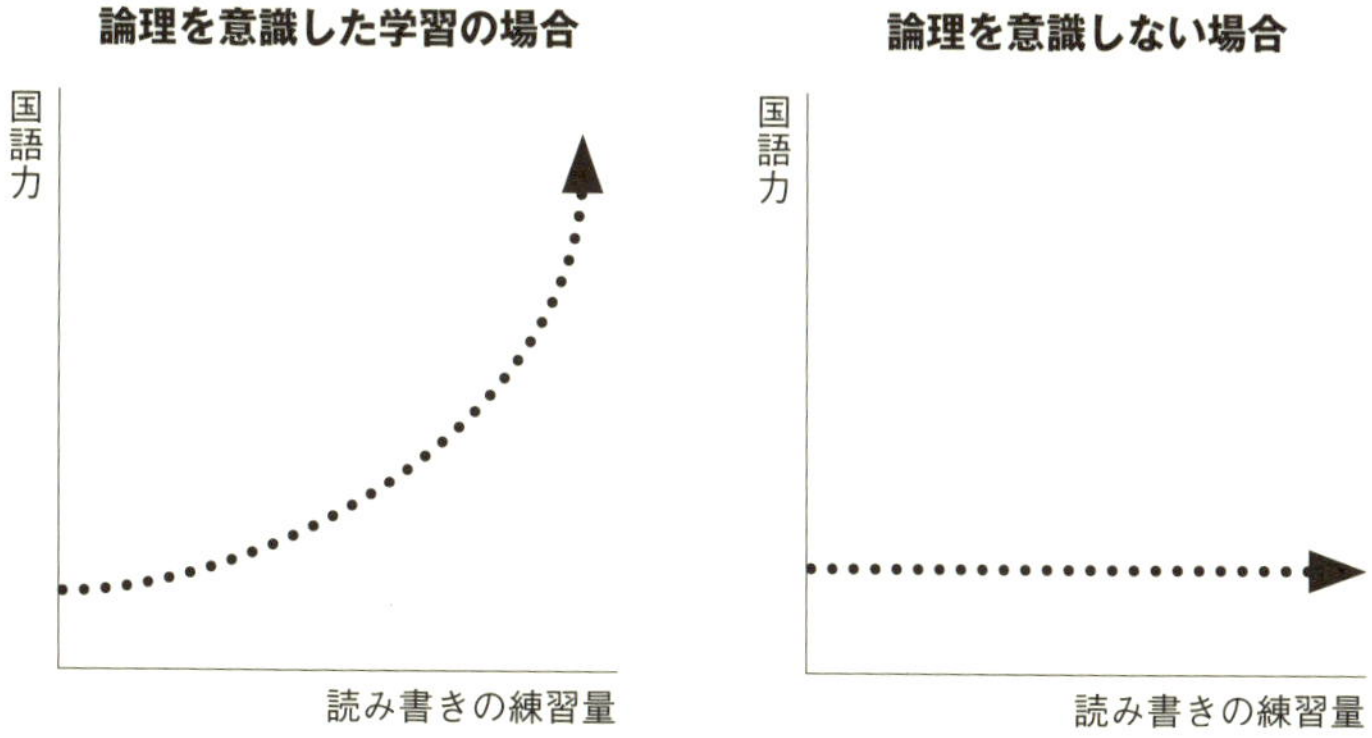

かけた時間と労力を考えると、あまりにも割に合いませんね。

しかし、論理をひとたび意識すれば、問題集1冊であっても、原稿用紙1枚であっても、確実に力がつき始めます。

読みの惑星も、書きの惑星も、自然に動き出します。

しかも、注目すべきはその動き出し方です。

すべての惑星が、一度に動き出すのです。

論理的思考力のエネルギーが増せば、書く力も、読む力も、話す力も、聞く力も、そして文法の力までもが、同時に働き出します。

それが、太陽の威力なのです。

◇私が自分の考え方に絶対的な自信をもっている理由

さて、新しい国語の姿を、イメージとしてつかんでいただけたでしょうか？

もしかすると、こんな印象を受けた方もいらっしゃるかもしれませんね。

「『国語は論理だけでいい』『形式だけでいい』と断言できる理由が、まだピンとこない」

「文章の意味や内容は、本当に無視していいのか？　本当に形だけでいいのか？」

そのような不安や疑問、やむを得ないことと思います。

先に述べたような定説は、本当に根強いものであり、あなたのなかにもいまだに根を張っているのかもしれませんから……。

しかしやはり、断言できるのです。

たとえば、こんな例でお考えください（ほんの1例。詳しくは第2章以降で説明します）。

A……「赤組は1位。白組は2位です。」

B……「赤組は1位。でも、白組は2位です。」

Aは、各組の順位を淡々と伝える文章です。

それに対して、Bには新しい**「意味」**が生まれています。

白組は赤組よりも悪い結果だったという事実が強調されています。

運動会のアナウンスでBが流れたら、あからさまに比較された白組のメンバーは、きっといやな気持ちになりますね。

いずれにせよ、AとBの意味する**「内容」**は、大きく異なっています。

では、「内容」にこんな大きな影響を与えたものの正体は何でしょうか？

それは、「でも」という、たった2文字の言葉です。

この言葉自体には、意味はありません。

きわめて「形式的」なものです。

しかし、このたった2文字の「形式」が「内容」に与えた影響は測りしれません。

このような「形式」を意図的に操作できれば、「内容」をも操作できるようになります。

つまり、論理（形式）をコントロールできれば、文章の意味（内容）をコントロールできるということなのです。

だからこそ、論理的思考力さえつけば国語力は確実に伸びる、と断言できるのです。

4 子どもの国語力を劇的に伸ばす「3つの力」とは何か？

◇その本質は、じつにシンプル

前節の説明で、「国語力とは論理的思考力である」ということは、おおまかにつかんでいただけたでしょうか？

ここではいよいよ、その具体的な中身である**「3つの力」**についてお話しします。

まずは「論理的思考力」という言葉を、具体的に定義しておく必要があります。

次ページの図をご覧ください。

論理的思考力とは何か？

それは、「バラバラの考えや言葉を整理する（関係づける）ための力」です。

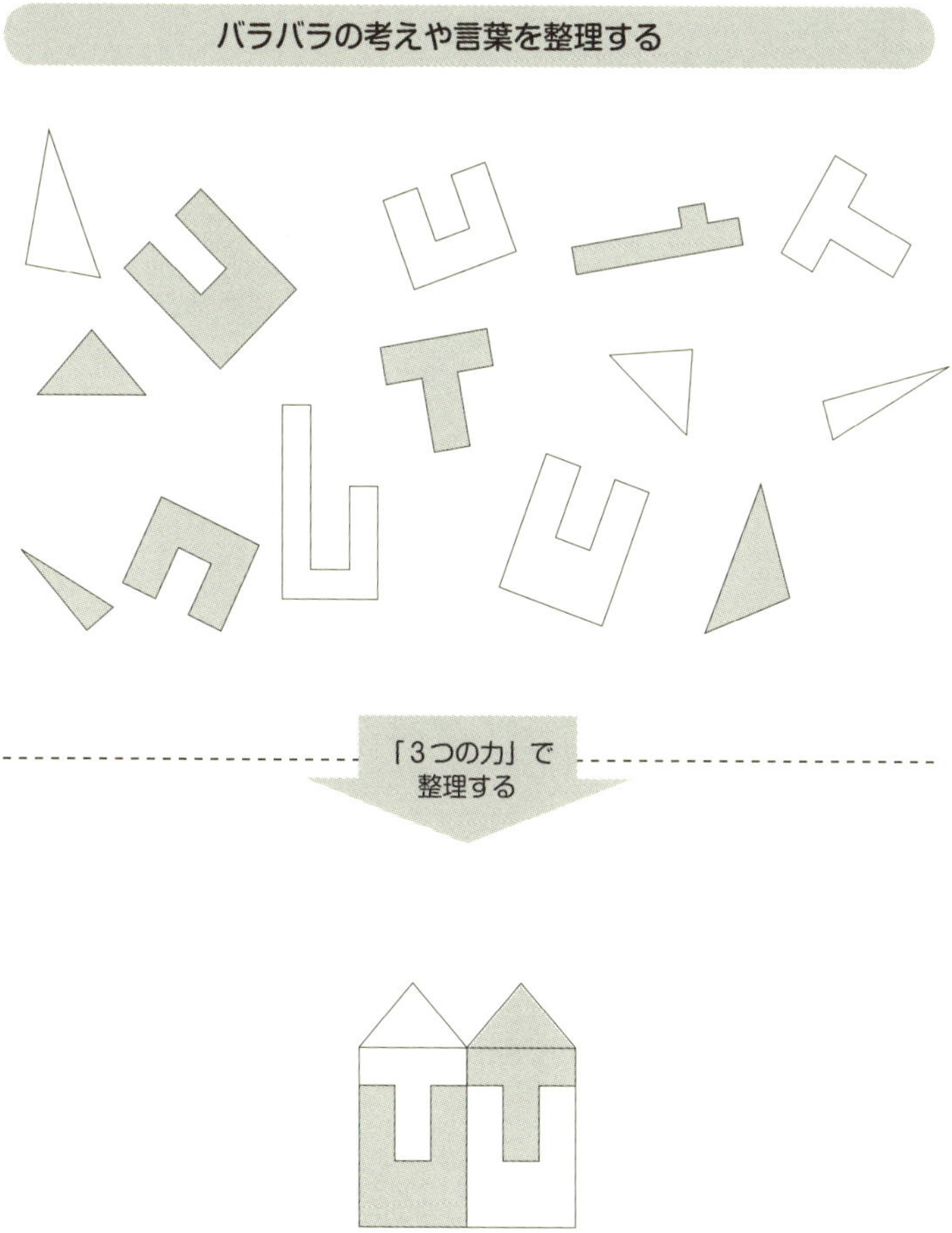

バラバラの考えや言葉を整理する
「3つの力」で
整理する

そしてその過程は、次の3つに分類することができます。

言いかえる力

これは、一見バラバラに見えるもののなかに「共通点」を見つけ出し、整理する力です。

この図では、全体を3種類の形に分類し、それぞれを1つの代表的な形に置きかえる操作に当たります。つまり、「抽象化」です。

もちろん、逆に「具体化」する操作も大切です。「具体化」とは、まとまったものをバラバラに分けていくことです。

言いかえる力とは、「抽象化」と「具体化」の力です。

くらべる力

これは、一見バラバラに見えるもののなかに「対比関係」を見つけ出し、整理する力です。

この図では、白と黒の対比として、全体を2つに分類する操作に当たります。

くらべる力とは、「対比関係」を整理する力です。

す。

たどる力

これは、一見バラバラに見えるもののなかに「結びつき」を見つけ出し、整理する力です。

この図では、正しい結びつきを考えつつ、下からたどりながら順序よく組み立てていく操作に当たります。

文章で言えば、「原因と結果」、つまり「因果」の結びつきをたどる作業です。

たどる力とは、「因果関係」を整理する力です。

さて、3つの力とは何なのかについて、ひとまずだいたいのイメージをつかんでいただけたものと思います。

しかし、少し疑問をおもちの方もいらっしゃるかもしれません。

「なぜ、論理的思考力は『3つの力』だと言いきれるの？」

その疑問に対する答えを、次の節でお話しましょう。

5 「3つの力」で、あらゆる教科の成績がアップ！

◇これさえ押さえておけば備えは万全

ここであらためて、「論理的思考力」の定義を確認しておきましょう。

「論理的思考力」とは、「バラバラの考えや言葉を整理するための力」です。

これは、前節で説明したとおりです。

ただし、その「整理」には、1つの重要な目的があります。

それは、バラバラの考えや言葉を**「だれかに伝える」**ということです（自分1人で何かを考えるときは、その「だれか」は「自分」になります。いわば、「自分とのコミュニケーション」です）。

さて、私たちが何かを整理してだれかに伝えるとき、その「方法」は、次のいずれかに集約されるはずです。

①まとめて伝える／分けて伝える
②くらべながら伝える
③順序よく伝える

これ以外に、何かあるでしょうか？

何もありませんよね。

ただ、いまでこそ確信しているこの考え方も、当初は仮説にすぎませんでした。

個々の生徒のニーズに合わせて授業を進めるなかでは、1人ひとりの子が使用する教材（問題集や教科書）は、当然ながら多種多様なものになります。

約10社の読解問題集と、約5社の学校用教科書、いずれも全学年分。あるいは、数えきれないほどの入試過去問や、その他さまざまな参考書。

そんな多用な教材と日々格闘するなかで、私はそこに多くの共通点を見つけ出し、国語力を高める技法を1つ、また1つと類型化する作業を進めていきました。

そして、日々子どもたちと奮闘するなかで、その正しさが実証され始めました。

序章でご紹介したK君の例を思い出してください。

彼は、「言いかえる力」によって大きく伸びました。

それと同じように、「くらべる力」も「たどる力」も、多くの子の読み書きの力を実際に伸ばし、その成果が明確に現れるようになったのです。

いつしか私は、授業のなかで「言いかえる」「くらべる」「たどる」以外のことをほとんど教えないようになりました。それだけを教えていれば、十分だったのです。

そして、私は確信しました。

論理的思考力は「3つの力」にほかならない、と。

国語力とは、論理的思考力である。
論理的思考力とは、3つの力である。
3つの力とは、「言いかえる力」「くらべる力」「たどる力」である。

何ごとも、洗練されていくと、このようにシンプルになっていくものです。

そして、シンプルだからこそ、子ども自身が真似しながら、それらの技法を体得していくことができるようになるのです。

◇「3つの力」に秘められたすごいメリット

さて、「3つの力」が国語力を伸ばすことについてはご理解いただけたでしょうか？
じつは、「3つの力」は、国語力を伸ばすだけにとどまりません。

ほかの教科の力をも伸ばしていくのです。

ある生徒のお母さんが、アンケートに答えて書いてくださった「喜びの声」の一部をご紹介しましょう。

「○○中学では、国語だけではなく、算数・社会・理科、どれをとっても、文章で書いて説明させるような問題が出題されています。入試が終わったあと、娘は、『どの科目でもけっこう答えを整理してまとめられた感じがする。福嶋先生に習ったおかげかも』と話していました。本当にありがとうございました」

この子が合格したのは、ある難関私立中学です。
合格は、もちろん、この子の努力のたまものです。
しかし、努力だけでは、成果は出ません。
そこには、努力を結実させるための、優れた「方法」が必要です。
この子は、幸いにも、論理という「方法」を学習していました。

「整理してまとめられた感じがする」という言葉は、「論理的に書くことができた」ということへの手ごたえを表していると言えるでしょう（すでに述べたように、論理とは、バラバラな考えを整理することとイコールだからです）。

論理的思考力、つまり「3つの力」は、算数・理科・社会をはじめとしたあらゆる教科を根底で支えてくれる、原動力となるのです。

◇小3の子どもでも中3の問題が解けた!?

以上のように、「3つの力」には絶大なメリットが秘められています。

しかし、じつは「3つの力」の威力は、教科を超越することにとどまりません。

「3つの力」は、学年の枠組みをも超越するのです。

それは、ある読解問題を小学3年生の子に解いてもらったときのことです。

その子は、ほぼ全問、見事に正解しました。

ところが、あとからよく調べたところ、その読解問題の文章は、中学3年の国語教科書に掲載されている文章と同一のものであることがわかりました。

つまり、中3の教科書を（たとえ一部であれ）小3の子が読み解いたというわけです。

それを知ると、その子はかなり驚いた様子でした。

しかし、私はさほど驚きませんでした。

私の国語塾には、下は小学1年生から上は高校3年生まで幅広い学年の生徒が通っています。そんななか、小学3年生と中学3年生とでまったく同じ教材を使用していることなど、じつは日常茶飯事なのです。

なぜそんなことが可能なのか、とお思いでしょうか？

それはズバリ、「3つの力」の学習に焦点を絞っているからです。

小学生と中学生とが同じ教材を使用しているのは、小学生の子の学力が高いからでもないし、中学生の子の学力が低いからでもありません。

それは、「3つの力」の使い方に学年の差がないからです。
論理には、学年は関係ないのです。

まさに論理的思考の世界である囲碁や将棋の対局において、年齢が無関係であることと同じです。

囲碁や将棋の論理がその長い歴史のなかで不変であったように、言語においてもまた、論理というものは永遠不変です。

たとえ日本語の使われ方や言葉の意味内容が、時代の流行とともに変化・変遷していくとしても、論理それ自体は決して変化しません。

だからこそ、論理的思考の学習は、国語力を確実に向上させ、子どもの将来を根本から支えるものであると断言できるのです。

さあ、次の章からはいよいよ本編です。

あなたのお子さんが「論理の国語」と出会う第一歩は、**「言いかえる力」**からスタートします。

これは、「3つの力」のなかでも最も重要な力となりますから、2つの章に分けてご説明します。

じっくりと、お子さんの学びをサポートしてあげてください。

それでは、さっそく次の章へと進むことにしましょう。

第2章

国語力アップの決め手！「言いかえる力」はこう身につけよう①

1 「言いかえる力」こそが、読解や作文で求められる力の本質である

◇伝わるも伝わらないも「言いかえ」しだい

いよいよ「本当の国語力」、すなわち論理的思考力を高めるための「3つの力」を、具体的に見ていきます。

この章でお話する**「言いかえる力」**は、3つの力のなかでも、とくに中心的な役割を果たします。

いわば国語力の根幹です。

この内容をお子さんがどの程度マスターできるか？

それが、お子さんの国語力を直接的に左右します。

最も重要な内容ですから、2つの章に分けて、じっくりとお伝えしていきます。

どうぞ、心してお読みください。

さて、ここであなたに質問です。

お互いのイメージをどれだけ近づけられるか？

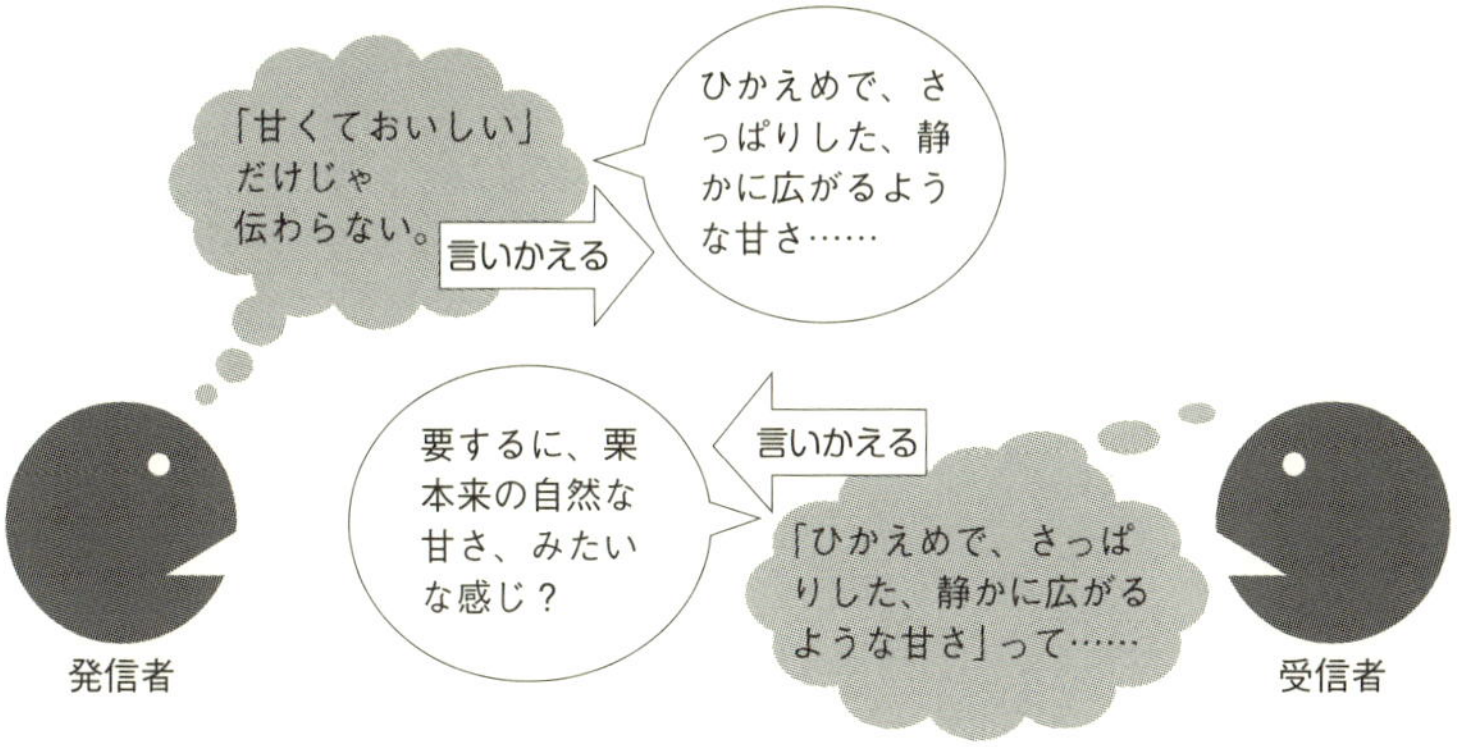
「甘くておいしい」だけじゃ伝わらない。
言いかえる
ひかえめで、さっぱりした、静かに広がるような甘さ……
要するに、栗本来の自然な甘さ、みたいな感じ？
言いかえる
「ひかえめで、さっぱりした、静かに広がるような甘さ」って……
発信者
受信者

「最近できたお店のマロンケーキ、甘くておいしかったよ」

こう言われて、どんな味を思い浮かべますか？

「甘くておいしい」

――あまりはっきりしませんね。

味覚は百人百様です。甘さのイメージも、人によってかなり異なってくるでしょう。

そのため、この程度の言葉だけでは、そのケーキの味をありのままに伝えることはできません。

そこで、多くの人は自分なりに「言いかえて」伝えます。

「生クリームほどには重たくない、さっぱりとした甘さ」

「あのとき一緒に食べたケーキよりはひかえめ

で、静かに広がるような甘さ」

などと、さまざまな表現によってお互いの感覚を近づけ、ありのままのイメージを共有しようとします。

その結果、相手が「ああ、そういう味ね」と納得してくれれば、伝えたかったイメージは、一応届いたということになります。

ところが、納得したつもりでその人が実際にそのケーキを食べてみたら、イメージとはまったく違う味だった……などということもあり得ます。

その人は、相手の言いたかったことをありのままに受け止めることができていなかったのです。

したがって、言葉を受け取る人も、その場で「言いかえて」確認する作業が必要です。

これによって相手が、「ああ、そうそう。そんな感じ」と合意してくれれば、イメージ「それって要するに、栗本来の自然な甘さ、みたいな感じ？」

がより正確に、よりありのままに伝わった、ということになります。

もし相手が、「いや、そういう感じでもなくて……」と言えば、また別の「言いかえ」によって、イメージをお互いに近づけていくことになるでしょう。

感覚・イメージ・意見というものは、味覚と同じように多種多様です。理解・共有できたと思っても、じつはできていないことが多々あります。

「伝える人（発信者）」と**「受け取る人（受信者）」**、両者のイメージを一致させ、本当に理解し合えるかどうかは、お互いの「言いかえる力」に左右されるのです。

子どもの場合、「言いかえる力」の影響をとくに受けやすく、〝わかったつもり〟になっているケースが顕著に見られます。

そしてこのことは、そっくりそのまま、読み書きにも当てはめることができるのです。

◇すべては、この力にかかっている！

先の例で、言葉を受け取る人は、「要するに自然な甘さってことね」というように、別の表現で言いかえました。

じつは、このような**「受信者の『言いかえる力』」**こそが、読解問題で試されている力の本質なのです。

発信者である筆者や作者の感情・イメージ・意見を、受信者である読者（子ども・生徒）は、本当にありのままに受け止めることができたのか？

それを確かめたいから、あなたが受け止めた内容を、別の言葉や表現で「言いかえて」ごらんなさい――というのが、読解問題の本質なのです（「別の言葉」といっても、多くの読解問題ではそれが文章中に書いてありますから、それを利用することになります）。「60字以内で説明しなさい」といった記述式の問題は、「言いかえる力」をストレートに試す問題。

「15字以内で抜き出しなさい」といった問題は、発信者自身が「言いかえて」いる部分が文章中にあるから、それを見つけなさい、という問題。

「ア～オのなかから選びなさい」という選択肢式の問題は、出題者によってすでに「言いかえられた」選択肢のなかから、発信者の伝えたいことに最も近い内容を選びなさいという、間接的な「言いかえ」問題。

出題形式こそ違いますが、そこには、「言いかえる力」を試すという共通の目的があるのです。

一方、文章を「書く」際にも、「言いかえる力」は必要不可欠です。

書き手（発信者）の頭のなかにあるメッセージが、読み手（受信者）に明確に伝わっていくかどうかは、**「発信者の『言いかえる力』」**にかかっています。

そこで次の節では、このあたりから「言いかえる力」の仕組みを整理していくことにしましょう。

2 「言いかえる力」とは抽象化力と具体化力

◇たった一文で作文が瞬時にレベルアップ！

雨だと思っていたけれど、晴れた。怒られると思っていたけれど、怒られなかった。会えないと思っていたけれど、会えた。

これは、ある小学4年生の子が書いた日記です。具体的でリズムのある面白い文ですが、これだけでは何を言いたいのかがいまひとつ伝わってきません。バラバラな印象があります。

しかし、次の文が最後にあれば別です。

つまり、予想外のラッキーな展開が重なったというわけだ。

この「抽象的に言いかえた文」が加われば、具体例にこめられたメッセージが急に輪郭をもち、浮かび上がるようになります。
たった一文でレベルアップするわけです。

次は、逆のパターン。

今日の遠足は、とても楽しかったです。

日記を開くと、こういう抽象的な文ばかりが並んでいる子が、かなりいます。
これだけでは、何が楽しかったのかがまったく伝わりません。
そこで、「具体的に言いかえた文」を加えます。

今日の遠足は、とても楽しかったです。たとえば、原っぱで田中さんと思いっきりフリスビーをしたり、お弁当のおかずを山田さんと交換したりしたのが、楽しかったです。

とくに名文とは言えませんが、具体化した一文のおかげで、書き手のイメージがより明確に伝わるようになりました。

「楽しかったです」だけの文に比べれば、これも確実にレベルアップしています。

伝えたいことがらが具体的でバラバラに思える場合、人はそれを抽象化して伝えます。

逆に、抽象的でわかりにくいと思える場合は、具体化して伝えます。

抽象化力と具体化力。

「言いかえる力」は、この２つでできています。

すでにお気づきと思いますが、じつはこれ、なんら珍しい技法ではありません。

しかし、読み書きのなかで、これを「意識的に」使っている子は、きわめて少ないのです。

「なんだ、これだけか……」

と、手ごたえを感じていないあなた。

それでは、次はどうですか？

◇「言いかえる力」でミニ読解問題に挑戦

先ほどの最初の例文をもとに、よくあるパターンの読解問題をつくってみました。
「言いかえる力」を使えば、答えは簡単です。
お子さんが読解問題を苦手としていても、きっと正解できるでしょう。

【例題】 次の文章を読んで問いに答えなさい。

雨だと思っていたけれど、晴れた。怒られると思っていたけれど、怒られなかった。会えないと思っていたけれど、会えた。つまり、予想外のラッキーな展開が重なったというわけだ。

(問1)「雨だと思っていたけれど、晴れた。怒られると思っていたけれど、怒られなかった。会えないと思っていたけれど、会えた」とありますが、この部分はどんなことを伝えようとしているのですか？ 25字以内でまとめなさい。

(問2)「予想外のラッキーな展開」とありますが、これは具体的にはどんなことですか？ 50字以内で書きなさい。

問1は、「具体」を「抽象」に言いかえなさい、という抽象化問題。
【答え】「予想外のラッキーな展開が重なったということ。」（22字）
問2は、「抽象」を「具体」に言いかえなさい、という具体化問題。
【答え】「雨だと思っていたら晴れて、怒られると思っていたら怒られず、会えないと思っていたら会えたということ。」（49字）

◇この考え方だけで、9割の問題がラクラク解ける！

いまの問1は、やや迷いやすい問題です。

しかし、どうってことはありません。

「何を答えるの？」と。

解答の手順は単純です。

「AつまりB」のとき、Aは具体、Bは抽象です（詳しくは次の節で説明します）。

これをもとに考えます。

問1……問われている部分が具体（A）なので、抽象（B）に答えがあります。
問2……問われている部分が抽象（B）なので、具体（A）に答えがあります。

たったこれだけです。

「具体→抽象（抽象化）」、あるいは「抽象→具体（具体化）」の2種類。

これが、「言いかえ問題」を解くときの基本パターンです。

そして、読解問題のじつに5割以上を占めているのが、このパターンの「言いかえ問題」なのです。

いや、あとで説明する「くらべる力」「たどる力」と組み合わせて解く問題も含めれば、9割を超えると言っても過言ではありません（残りの1割は、言葉の意味や漢字などの単純な問題）。

「入試問題の文章は、いまの例題よりずっと難解だ。そして、もっと長いはずだ」

そんな声も聞こえてきます。

そのお気持ちはよくわかります。

しかし実際のところ、どんなに難しい問題も、このパターンの変形にすぎません。

どんなに個性ある文章も、抽象と具体の間を往復しながら書かれています。

説明文でも物語文でも同じです（物語文では抽象、つまりテーマは隠されていますが）。


すべての文章は、「言いかえ」の連続でつくられているのです。


具体が問われたら抽象をとらえ、抽象が問われたら具体をとらえる。

この「型」が、難解な長文読解の迷路に迷い込んだわが子を出口へと導く、最高のナビゲーターとなるのです。

3 「つまり／たとえば」が「言いかえる力」のカギとなる

◇仕組みは、この図1つで一目瞭然

どんな文章も、基本的には抽象と具体の間を往復しながら書かれている――。

ここで、次ページの図をご覧ください。

「抽象化」と「具体化」の関係は、以下のようになっています。

抽象化……「みかん・ぶどう・バナナ」　つまり　「果物」
具体化……「果物」　たとえば　「みかん・ぶどう・バナナ」

抽象的に言いかえるときに使う代表的な接続語は**「つまり」**です。
具体的に言いかえるときに使う代表的な接続語は**「たとえば」**です。
この2つのシンプルな言葉が、「言いかえる力」の重要なカギとなります。

「つまり／たとえば」の相関図

基本は、じつにシンプル

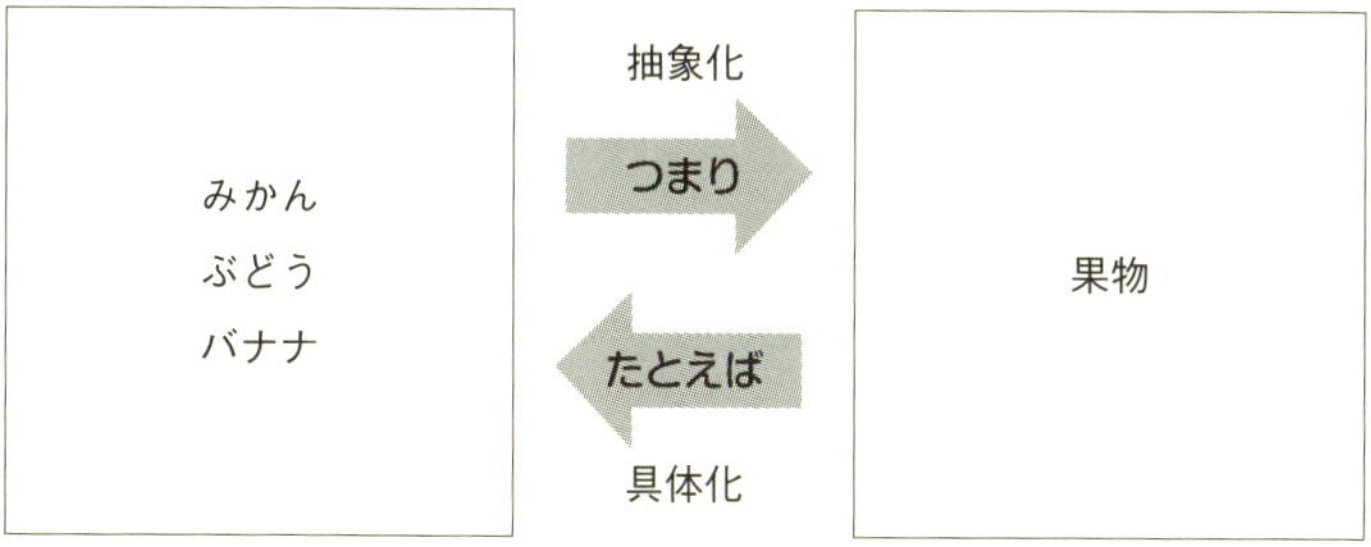

私は、この言葉の重要性を、小学校低学年の子から大学受験に挑む高校生にまで、何度となく伝えています。

そこで、あなたが子どもに教える際は、「抽象」と「具体」の2語を、まず覚えさせましょう。

「具体はまだしも、抽象という言葉は難しいのではないか？」

と感じるかもしれませんが、そんなことはありません。

上の図のような具体例をあげさえすれば、子どもはすぐに意味を理解します。

私の塾では、だいたい小学3年生以上の子には「抽象」という言葉をそのまま使っています。

しかも、書くときには漢字で書かせていま

す。象という字は、小学2年生で習う「家」という字に似ているので、意外とすぐに書けます。漢字で書かせないと、「中小」だと思い込む子がいますから、ぜひ漢字で書かせましょう。

もちろん、抽象という語を覚えづらそうにしている子には、「まとめ」程度に置きかえて教えてもかまいません。

◇ご存じですか？「つまり」の正しい使い方

「たとえば」を使うのは、小さな子にとってもそれほど難しいことではありません。日常的に登場するケースが多いからでしょう。

ただし、「つまり」は別です。

大人でさえ、正しく使うことができていない人がいます。

「つまり……」と言いながら、むしろ話が長くなり、延々と続いていくような使い方も、よく見られます。

「つまり」とは「詰まり」です。

これ以上進めない「詰まった」地点、最終的な到達点、というのが本来の意味です。最終地点ですから、「つまり……」という話を聞いたら、聞いたほうはその時点で「なるほどね」と納得できて、理解が完結しなければなりません。

では、どうすれば「つまり」をそのように正しく使えるのでしょうか？

ポイントは2つあります。

①「A　つまり　B」のとき、「A　イコール　B」である
②「A　つまり　B」のとき、Aは具体、Bは抽象である

「同じことを」「抽象的に」言いかえるときに使うのが、「つまり」なのです。

この2点さえ意識すれば、子どもでも「つまり」を正しく使うことができます。

なお、「たとえば」の場合も、同じように考えることができます。

①「B　たとえば　A」のとき、「B　イコール　A」である
②「B　たとえば　A」のとき、Bは抽象、Aは具体である

ただし、①の「イコール」は、「共通性」を示しているだけであって、数学的な〝完全一致〟とは違います。「みかん・ぶどう・バナナ、つまり、果物」などと言うときの「つまり」を〝完全一致〟の記号と考えると、世の中の「果物」は「みかん・ぶどう・バナナ」の3種類しかない、という判断が可能になりますが、そうではないということは、もちろんおわかりですね（「たとえば」の場合も同様）。

なお、「つまり」は用法の幅が広いため、抽象化を伴わない単純な言いかえに用いられることもあります。とくに、「未知のこと、つまり、まだ知らないこと」などと、一文のなかで表現をわかりやすくするような場合です。しかし、「つまり」の用法としては、文と文、段落と段落など、比較的大きなまとまりをつなぐことのほうが多く、その場合には抽象化の働きを持ちやすくなります。ですから、やはり抽象化の機能にこだわって教えていくことが先決になるわけです。

文章中で「つまり」と類似した働きをする言葉には、「すなわち」「いわば」「要するに」「このように」「言いかえれば」「言ってみれば」「別の言い方をすれば」などなど、たくさんあります。それらすべてを詳しく扱うことはできませんから、ここでは代表選手である「つまり」にしぼり込んで考えていきます。

4 この単純な方法で、小学1年生でも無理なくスタートできる！

◇本当に「いますぐ」できる言いかえ練習

ここで、「言いかえ」の基本練習をご紹介します。

ここに示すような身近な例を使えば、小学1年生の子でも無理なく練習することができます。

これらが、「言いかえる力」を身につけるための大事な大事なスタートラインです。たとえ中高生でも、最初はここからです。

方法はいたって簡単。

次の「　　」の空欄を、お子さんに言わせるだけです。

1　「トマト・にんじん・キャベツ」　つまり「　　　　」

「野菜」　たとえば　「　　・　　・　　」

2　「すずめ・はと・カラス」　つまり　「　　　」
「鳥」　たとえば　「　・　・　」
3　「晴れ・雨・くもり」　つまり　「　　　」
「天気」　たとえば　「　・　・　」

いかがですか？
とても簡単ですね。
わざわざノートに書かなくても、対話を通して楽しく学べます。
いま、近くにお子さんがいたら、ぜひ試してみてください。
ただし、守っていただきたいポイントが2つあります。

ポイント❶「つまり」と「たとえば」を必ずワンセットで行うこと
その際、各々後半の「具体例」は、あえて前半と同じ内容を入れさせます。
1の場合なら、「野菜、たとえば、トマト・にんじん・キャベツ」とするのです。こうすることで、「抽象と具体は相互に言いかえられるんだ」ということを、実感させることができます。

ポイント❷　慣れないうちは必ず「つまり」を先にすること

「たとえば」を先にしてしまうと、必要以上に具体例を考えすぎて時間がかかり、テンポが悪くなって楽しさが半減してしまいます。

大切なのは**「形式」**です。

「内容」をあれこれ考えすぎては、逆効果です。

慣れてきたら、具体例を考える楽しみもとり入れてかまいませんが、初期のころには「つまり」から考えてもらうようにしましょう。

◇期待どおりに答えてくれないとき——それはレベルアップのチャンス！

ここまでは、おそらくバッチリ進んだことでしょう。

しかし、相手は子どもです。大人の期待どおりにいかないときもあります。

たとえば……。

4　「国語・算数・理科・社会」　つまり　「　　　」

期待される答えは「科目（教科）」ですが、これを「勉強」と答える子がいます。

5　「パトカー・消防車・救急車」つまり「　」
期待される答えは「車」ですが、これを「乗り物」と答える子がいます。

6　「北海道・東京都・鹿児島県」つまり「　」
期待される答えは「都道府県（名）」ですが、これを「日本」と答える子がいます。

7　「ひらがな・カタカナ・漢字」つまり「　」
期待される答えは「（日本語の）文字」ですが、これを「日本語」と答える子がいます。


4と5の2つの答えは、間違っているわけではありませんが、あと一歩といった印象があります。

6と7はやや不正確ですが、考え方としては4、5と同じで、やはりあと一歩。

さて、これら4つの共通点は、いったい何なのでしょうか？

じつは、これに気づくことこそが、さらなるレベルアップへの一歩となるのです。

5 マトリョーシカ方式で「言いかえる力」がメキメキ伸びる！

◇言葉を知的に楽しむ第一歩

突然ですが、◯　←このマルは、大きいですか？　小さいですか？

お子さんに、どちらかを選んでもらってください。

決まったでしょうか？

このマルを見て小さいと思った子は、もっと大きなマルとくらべたのでしょう。

一方、大きいと思った子は、○←のような、より小さなマルとくらべたはずです。

つまり、ものの大小は、何とくらべるかによって変わってくるわけです。

この「何とくらべるかによって変わる」様子を、**「相対的」**と言います。

抽象と具体も、じつは、大きさと同じく「相対的」なものなのです。

たとえば、「肉食動物」は、「ライオン」にくらべれば抽象的ですが、「動物」にくらべれば具体的です。

このことを、次のように表すことができます。

ライオン ∧ 肉食動物 ∧ 動物 ∧ 生き物

これを参考に、まずは先の問題の4について考えてみましょう（次ページの図も参照）。国語・算数・理科・社会を「勉強」とするのは、枠組みを1つジャンプした考え方です。「勉強」という言葉には、「経験を積み学んでいく」というような広い意味があります（「学習」と同じです）から、この場合は「教科・科目」という言葉のほうが適しています。

国語・算数・理科・社会 ∧ 教科・科目 ∧ 勉強・学習

つまり、近い枠組みで抽象化したほうがよいのです。

5も同様です。

パトカー・消防車・救急車 ∧ 車 ∧ 乗り物

マトリョーシカ方式でワンランクアップ

4

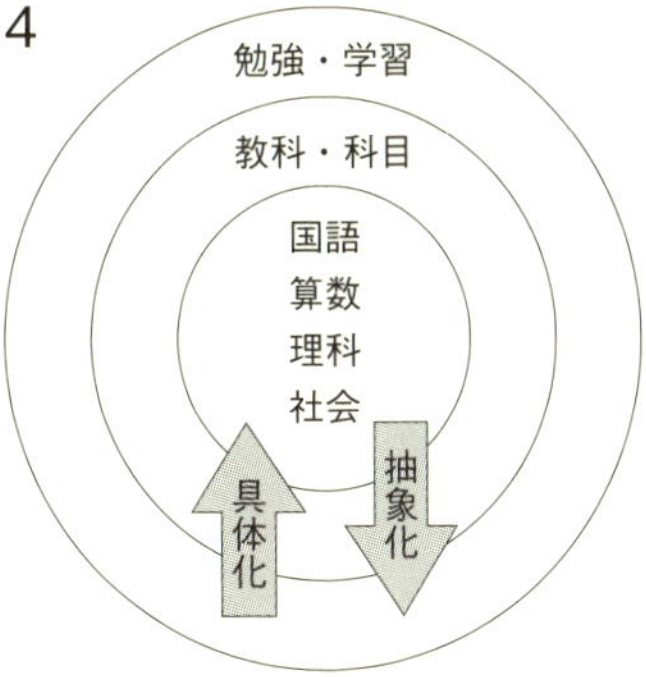

5

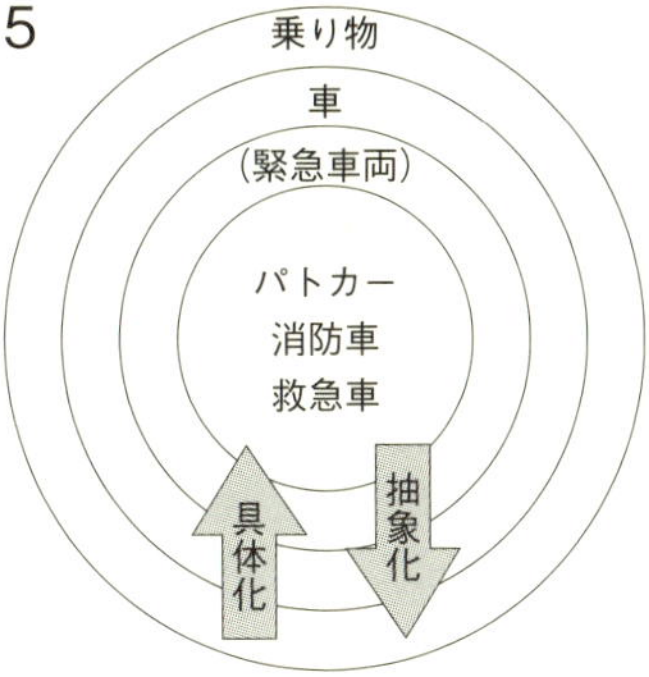

6

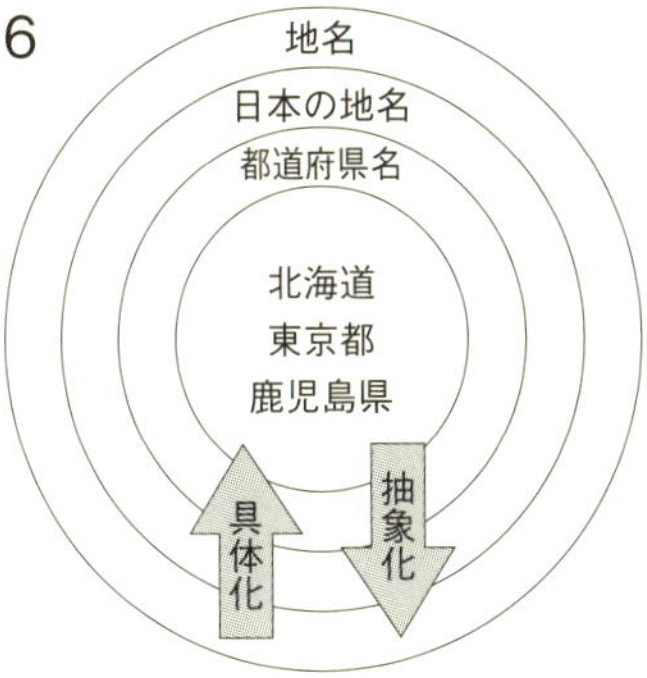

※何重にも囲まれたこの形は、さながらロシアの人形の「マトリョーシカ」です。このマトリョーシカ方式で考えれば、「具体化」も「抽象化」もラクにできるようになります。

という枠組みになります。「乗り物」は、枠組みを1つジャンプした答えです。

パトカー・消防車・救急車 ∧ 緊急車両 ∧ 車 ∧ 乗り物

などとすれば、より高度な答えとなるでしょう。

一見、単純にも思える「言いかえ」が、知的な幅をもつ瞬間ですね。

◇迷ったときは「という」の3文字を使おう

では、先ほどの6と7（86ページ参照）は、どのように考えればよいのでしょうか？

まず、6についていえば、先ほどの「あと一歩」の答えは、こうでした。

「北海道・東京都・鹿児島県」　つまり　「日本」

これには、2つの欠点があります。

前ページの図をもとに考えてみましょう。

1つめは、枠組みがジャンプしていること。これは、お子さんも理解できたでしょう。

2つめは、せめて「日本の地名」とすべきところを、「日本」としていること。
この2つめが、子どもにとっては、ちょっと難しいわけです。
なぜ「日本」ではダメなのか?
次のようにすると、すぐにわかります。

「北海道・東京都・鹿児島県」という「日本の地名」……○
「北海道・東京都・鹿児島県」という「日本」……………×

北海道という日本、東京都という日本……なんだかヘンですよね。
要するに、北海道=日本、東京都=日本……という意味になるから、ダメなのです。
7も同様です。

「ひらがな・カタカナ・漢字」という「日本語の文字」……○
「ひらがな・カタカナ・漢字」という「日本語」……………×

「という」の3文字には、**「同じことを」「抽象的に」**言いかえる働きがあるのです。

「つまり」と同じですね。

この働きについて、しっかりと教えておく必要があります。

ただし、違いもあります。

「つまり」は、文と文の間、段落と段落の間などで使われることが多いのに対し、「という」は、1つの文のなかで使われるのが普通です。

したがって、「という」は「つまり」よりも必然的に使用頻度が高くなるのです。

この3文字を意識して使うことができれば、お子さんにとって非常に有効な武器になることは間違いありません。

◇抽象・具体の判断力をさらに高めるこの方法

抽象・具体を判断する力がいかに大切かについては、この章の第2節で示した「ミニ読解問題」を通して、すでにおわかりのことと思います（74ページ参照）。

ここでは、抽象・具体の判断力をさらに高めていくための2つの練習をします。

1つめは、マトリョーシカの枠組みをそろえる練習です。

お子さんに、まずは例題と解答例とをノートに書き写すよう伝えてください。

あなたが文を読み上げ、それを**「聞き書き」**させるのがベストです。

【例題】　次の文のおかしなところを直しなさい。
「今日、えんぴつとハサミと文房具を買ってきました」

解答例　ア「今日、えんぴつとハサミとセロテープを買ってきました」
イ「今日、調理器具と工具と文房具を買ってきました」

どちらも、抽象・具体の枠組みをそろえていますね。
アは「文房具」という枠組みのなかで、イは「道具」という枠組みのなかで、そろえました。
では、次はどうですか？
今度は問題文だけを伝え、解答は自力で考えさせましょう。

8　「ぼくは、野球やサッカーやスポーツをテレビで見るのが好きです」

解答例　ア「ぼくは、野球やサッカーやバレーボールをテレビで見るのが好きです」
　　　　イ「ぼくは、アニメやクイズやスポーツをテレビで見るのが好きです」

アは「スポーツ」、イは「テレビ番組」という枠組みでそろえました。
さあ、お子さんもきっと楽しくなってきたことでしょう。
学びは遊び、遊びは学びです。

2つめは、「という」の働きを理解するための練習です。
「道具というえんぴつ」はおかしいですね。
正しくは「えんぴつという道具」です。

「AというB」のとき、「Aは具体、Bは抽象」になるのがルールです。

では、次の9～15のうち、ルール違反はどれでしょう?
あなたがそれぞれを読みあげて、お子さんには○×で答えてもらうとよいでしょう。
×の場合は、正しい文を答えさせるようにします。

9 「タンポポという花」
10 「教室という音楽室」
11 「四角形という正方形」
12 「メディアというテレビ」
13 「チャンスという敗者復活戦」
14 「不安という感情」
15 「伝達手段というメール」

ルール違反は、9と14以外の全部です。

逆にするだけなので解答文は省略します。

ただし、逆にするだけとはいっても、わが子の頭の上に「?」マークが見えてきて、「おっ……考えてるなあ」と実感できるはずです。

なんだかちょっとうれしくなりませんか?

いままでなにげなく使っていた「という」の3文字をお子さんの意識に刻むためには、この程度の簡単な練習が最適です。

論理的思考力を高めるための秘訣は、日常的に使っているにもかかわらず見逃している、このように小さな「形式」のなかにこそ、隠されているのです。

さて、「言いかえる力」を高めるステップも、前半が終了しました。

きっと、順調に進んでいるものと思います。

ここまでの学習だけでも、お子さんはきっと、「新しい国語」の感触を楽しんでいることでしょう。しかも、知らず知らずに**「本当の国語力」**、すなわち**「論理的思考力」**のベースができているはずです。

私の塾でも、いままでまったく知らなかったはずの「抽象」という言葉を積極的にノートに書く姿が見られるなど、新しい知識や方法を得たことへの喜びが随所に表れている子がたくさんいます。

後半では、さらに手ごたえを感じることのできるメニューが登場します。

どうぞじっくりと、読み進めていってください。

第3章

国語力アップの決め手！「言いかえる力」はこう身につけよう②

1 「要するに何の話？」の問いかけが「言いかえる力」を磨きあげる

◇これができるかどうかで勝負は決まる

さあ、ここからは「言いかえる力」を身につけるための後半戦ということになります。

まず、あなたに質問です。

あなたは、お子さんの話が要領を得なくて嘆かわしく思ったことはありませんか？

「あのね、きのう学校の帰りにね、サヨちゃんがくれた消しゴムがね、どんなに探しても見つからなかったからってね、『おまえがとったんだろう』とか、ケンジに言われてね、それで……」

もう、ごちゃごちゃですね。

「要するに何の話？」

「だからね、消しゴムがないからって、とったんだろうって、ケンジが……」

「要するに、あなたがケンジに文句を言われたってこと？」

「そう、まあ、そういうことなんだけど」

親としては、本当は子ども自身にまとめさせたいのだけれど、こんなふうにまとめてあげてしまう場面も多々あることでしょう。

でも、これではいつまでたっても、お子さんに国語力は育ちません。

この機会に、時間をとって、しっかりとまとめ方の練習をさせたほうがよいでしょう。

そこで、まずは**「一文の要約」**からスタートです。

一文を正しくまとめるためには、絶対不可欠な要素があります。

それはズバリ、主語・述語です。

主語・述語は、一文の骨組みです。これをつかめるかどうかが分かれめです。

骨組み（抽象）をつかむためには、肉（具体）をそぎ落とさなければなりません。

要約とは、具体的な部分をカットし、抽象化していく作業です。

さっそく、次ページにあげた一文をわが子に要約させてみましょう。

まずは、ノートに書き写させます。そのあと、「骨組み（主語・述語）だけを残して短くまとめてごらん」と伝えます（文末に書かれた字数以内――句読点含む――でまとめるように指示します)。

1　黄色い花の周りを、チョウが楽しそうに飛んでいる。[10字以内]

いかがでしょう?
答えは、「チョウが飛んでいる。」(10字)です。
「チョウが」が主語、「飛んでいる」が述語。
それ以外の部分はすべて具体的説明ですから、一気にカットします。
つまり、1の文は、「チョウが飛んでいる話。」とまとめられるわけです。

◇秘伝! 要約の本格テクニック

ここで、主語・述語を見つけるために不可欠な技法を教えておく必要があります。
それは、次の2つです。

①まず述語を見つけること
②述語をもとに、「何が?/だれが?」と自問自答すること

主語から見つけようとすると、つい「周りを飛んでいる。」などとしてしまいます。なんとなく意味がつながっているから、「周りを」が主語だと思ってしまうのです。

もしかして、さっきの問題、お子さんもそんなふうに書きませんでしたか？

一方、述語は必ず文末にありますから、正しく見つけられます（倒置法の場合は別です。「いい天気だね、今日は」のような場合）。

とにかく「まず述語」——これが鉄則です。

そして、述語を見つけたら、自問自答して主語を見つけます。

「飛んでいる」→「何が？」→「チョウが」

これで、主語もキッチリ見つかり、骨組みのパーツがそろうわけです（自問自答で主語を見つける際は、述語が人間の行為や心情である場合には**「だれが？」**と問い、それ以外の場合には**「何が？」**と問います。このことも、しっかり教えておきましょう）。


さて、次の問題です。

書き写させてもかまいませんが、今度はちょっと長いですから、このページをそのまま見せて解かせる形でもよいでしょう。

2 「パソコン」がもともと「パーソナルコンピュータ（個人のコンピュータ）」であることや、「コンビニ」がもともと「コンビニエンスストア（便利な店）」であることを知らない人がいるように、略語のほうがすっかり生活に定着したために本来の意味が忘れ去られていく言葉は、けっこうたくさんあります。［35字以内］

これは、まとめるのが難しそうですね。

しかし、このような長い一文は、さまざまな文章に頻繁に登場してきます。素早く要点をつかめるように訓練させておきたいものです。

これも、「まず述語」です。文末に注目します。

ただし、「あります」では意味がわからないので、「たくさんある」といった程度にしておきます（このように長めにとった述語を「述部」と呼びます）。なお、要点をまとめる際、丁寧な表現（敬体：です・ます）は通常の表現（常体：だ・である）に直します。

「たくさんある」→「何が？」→「言葉が」となりますから、主語は「言葉は」です。

さて、骨組みは「言葉はたくさんある」になりますが、さすがにこれでは意味が通じませんから、いったんそぎとった肉（修飾語）を、つけ直していきます。

このようなときは、**「主語・述語を直接修飾している言葉」**や**「主語・述語に近い修飾語」**を優先して選ぶのが、大切なポイントとなります。

この場合は、主語「言葉は」の修飾語「忘れ去られていく」を残すと意味が通じます。

そこで、「忘れ去られていく言葉はたくさんある」という骨組みができあがります。

しかし、まだもう少し言葉を加えないと、もとの文のメッセージがもうひとつ伝わってきませんね。それに、指定された文字数は「35字以内」ですから、まだつけ加えることができそうです。

そこで、さらに肉をつけていきます。

ここでのポイントは、**「下から上へ順に探していく」**ことです。日本語は、文の末尾に近づくほど重要な情報が述べられていることが多いためです。

まず、「忘れ去られていく」のすぐ上にある「本来の意味が」を加えます。

次に、その上にある「略語のほうがすっかり生活に定着したために」という部分を、加えます。これは、忘れ去られていくことの**「原因」**にもなっています。

「原因」は、文のなかで大切な意味をもちますから、加える価値があります。

ただし、このままでは長すぎるので、「略語が定着したために」とまとめます。

ちなみに、これも「略語が＋定着した」という「主語＋述語」のセットとしてまとめられていることにお気づきでしょうか？

もしお子さんがそこに気づけたら、大事なことを1つ学んだ証拠ですから、大いにほめてあげましょう。

さあ、これで解答ができました。

「略語が定着したために本来の意味が忘れ去られていく言葉はたくさんある。」（34字）

——最も重要なポイントを書き忘れるところでした。

それは、「パソコン」や「コンビニ」といった、文の主張に対する具体例を、いっさい残さずに仕上げた点です。

要約とは抽象的に言いかえることですから、たとえあとから「肉」をつけ加えていくとしても、具体例をカットするという大原則（99ページ参照）は変わらないのです。

2 「名詞化」をすれば、どんなことでも抽象化できる

◇面倒なことはいっさい不要

次は、また別のタイプの「言いかえ」練習です。

「要するに何の話？」という質問にスパッと答えるには、直観的な「言いかえ」も必要になってきます。今度は、直観力と語彙力の勝負です。

では、さっそく問題です。

ノートに聞き書きさせたうえで解かせるのがベストですが、口頭であなたが2～3回読みあげたうえで答えさせる形でもよいでしょう。

> 3　次の文は、「何」について書かれていますか？
> 「虹の色は、赤、橙、黄、緑、青、藍、紫とならんでいます。」

答えは、「虹の色の順番」です。「虹の色のならび方」でもかまいません。
「何」と問われていますから、必ず**「名詞」**で答えなければなりません。
文字数制限はありませんが、過不足ない長さの表現を探す必要があります。
さて、次はいかがですか？

4　次の文は、「何」について書かれていますか？
「人の家にあがるときは、あいさつとか靴の向きとか、そういうことが大事です。」

答えは次の2種類が考えられます。
レベルB　人の家にあがるときに大事なこと
レベルA　人の家にあがるときのマナー
「こと」という代名詞で終わるパターンもありますが、それはレベルB（通常レベル）。
できれば、ズバリ最適の名詞で答える「レベルA（ハイレベル）パターン」を目指すよう、お子さんに伝えましょう。
では、3問連続でいきます。
次のそれぞれの文は、「何」について書かれていますか？

5「風邪をひかないようにするために大事なことはいろいろある。たとえば、手あらい。マスク。栄養。寝る。」
6「ミチコは、せっかく自分を手助けしてくれた友だちに申し訳ないような気持ちでいっぱいになりました。」
7「外国人の中には、多くの日本人はまだ着物を着て街を歩いていると思っている人が結構いますね。刀を下げて歩いていると思っている人もいるらしいですよ。」

解答例は、次のとおりです。

5　B　風邪をひかないようにするために大事なこと
　　A　風邪の予防策
6　B　ミチコが、友だちに対して申し訳ない気持ちになったということ
　　A　友だちに対する、ミチコの罪悪感
7　B　外国人には、日本人に対する思い込みがあるということ
　　A　日本人に対する、外国人の先入観

「予防策」「罪悪感」「先入観」……。これらの語彙は、文章中には書かれていません。ちょっとハイレベルでしたね。

入試読解問題においては、「文章中の言葉を使って答えなさい」という指示が多く、このような「文章中にない言葉」を引っ張り出す必要のない問題も多々あります。

しかし、子どもたちが年齢を重ねるごとに求められてくる力とは、目の前にある〝テキスト（文章）〟には書かれていない別の言葉で、その内容を新しく言いかえていく力です。

そのような力を育てるためには、抽象的な語彙を増やすことが欠かせません。

そこで、そのための具体的な方法を少しご紹介します。

◇確実に語彙力がアップする意外な方法

抽象的な言葉を定着させるには、語彙暗記本やキーワード集で単に〝覚える〟のみならず、論理的思考の力を借りて**〝納得しながら覚える〟**ようにすることが大切です。

つまり、抽象語を覚えるときは必ず具体化しながら（例文をつくりながら）覚え、さらにその具体例を逆に抽象化し、意味を確認していくのです。

たとえば、「理性的」という言葉の意味を聞かれたら、私は次のように話します。

「1点負けているサッカーの試合中に、試合終了まであと3分になったとする。理性的な人は、『あと3分あれば、シュートのチャンスを2回はつくれるはずだ』というように考えるけど、そうでない人は、『もうダメだ、どうせ負けてしまう』と考える」

こんな話をすると、大半の子は意味をだいたい理解し、次のように言います。

「ああ、『落ち着いている』みたいな意味？」

「そう、そのとおり。それから、いまの『もうダメだ、どうせ負けてしまう』というのは、理性的の反対で〝○○的〟って言うんだけど、わかる？」

「あ、感情的？」

「そうそう。よくわかってるね。だから、理性的っていうのは、感情的の反対」

このようにしていけば、多くの子がだいたいの意味を理解できます（ここでは、「感情的」とくらべることで効果をいっそう高めています。次の章で説明する「くらべる力」も同時に使っているのです）。

さらにお子さんの語彙力をレベルアップさせたい方は、1つひとつの漢字がもつ抽象的な意味を、具体的な**「熟語」**に「言いかえる」方法がおすすめです。

「理という漢字には、〝筋道を立てる〟とか〝整える〟とかいう意味があるんだよ。

探偵が筋道を立てて考えを整えていくようなとき、『推理』って言うでしょ?

だから、『理性』も、落ち着いて筋道を立てながら考える性質のことなんだよ。

じゃあ、ここで問題。

『どうして忘れものしたの?』などと聞かれたときに、『それは、……』と筋道を立てて話すものは、何?」

「理……理……あ、わかった。『理由』だ」

「正解! じゃあ、実験や観察を通して、筋道を立てて考えていく科目は?」

「……あ、そっか! 『理科』だね。理科って、そういう意味だったんだ!」

ほかにも、整理、理解、理想、道理(「なるほど、どうりで…」と納得するときの「どうり」と同じ)、はたまた理髪、理容室などに至るまで、共通した意味があります(理髪は、髪の〝筋道〟を〝整える〟ことですね)。

そして当然、「論理」の理もまた、同じです。

このような方法で抽象語の幅を広げ、わが子が「言いかえる力」をいっそう磨きあげていけるよう、ぜひサポートしてあげてください。

3 この方法で、どの子も得点力が急上昇！

◇もう、選択式問題なんて怖くない！

さて、ここで、いまの「要約」や「名詞化」を読解問題に活用する例をご紹介します。

8　次の文章が伝えようとしていることを、あとのア〜ウの選択肢のなかから１つ選びなさい。
「３つください」とたのむとき、指を３本立てて伝えると、欲しい数が確実に伝わる。「またね」とあいさつするとき、手を振りながら言えば、親しみがいっそう伝わる。「ごめんなさい」とあやまるとき、頭を下げれば、その気持ちがまっすぐに伝わる。

ア　身振り手振りで何かを伝える際には、言葉が大切な役割を果たしている。
イ　身振り手振りは、メッセージをはっきりと伝えてくれる。
ウ　相手に何かを伝えようとするときには、心をこめることが大切である。

このような選択式問題で間違う子は、大きく2つのタイプに分けられます。

①本文と照らし合わせることなく、選択肢だけをもとに答えを導き出してしまう子
②本文と照らし合わせても、選択肢をしぼりきれない子

①のタイプの子にとっては、どの選択肢も正しく思えてしまいます。

とくにウのような「いかにも道徳的な一般論」は、つい選びたくなります。

しかし、常に忘れてはならないのは**「設問の要求」**です。

設問は、「次の文章が伝えようとしていること」を答えよ、と要求しています。

一般論をたずねているのではありません。

①のタイプの子には、この点を繰り返し伝え、**「あくまでも本文をもとに考える」**という習慣を身につけさせていく必要があります。

②のタイプは、そのような習慣は身についていても、やはり間違えてしまう子です。

今回の例では「本文に書かれていないウは選ばないが、アにしてしまう子」です（この問題の解答はイです）。

この子には、いったい何が足りないのでしょうか？

それはズバリ、本文の内容を「言いかえる力」です。

この問題ではどのように言いかえればよいのか、少し詳しく見ていきます。

まず、この章の冒頭でご紹介した「要約」の手法を活用し、本文の3つの具体例をそれぞれ短くまとめます。

次に、その3つをさらに**「抽象化・名詞化」**します。

指を立てると、	数が	確実に	伝わる。
手を振れば、	親しみが	いっそう	伝わる。
頭を下げれば、	気持ちが	まっすぐに	伝わる。
↓ **【抽象化・名詞化】**	↓	↓	↓
身振り手振りによって、	メッセージが	よりよく	伝わる。

「指、手、頭」を、「身振り手振り」に抽象化します。

「数、親しみ、気持ち」を、「メッセージ」に抽象化します。

「確実に、いっそう、まっすぐに」を、「よりよく」などと抽象化します。

あとは、この文を選択肢と照らし合わせれば、イが最も近いことがわかります。

抽象化した本文……「身振りによって、メッセージがよりよく伝わる」
選択肢イ…………「身振り手振りは、メッセージをはっきりと伝えてくれる」

このように、選択肢というものは、本文の言いかえになっているのです。
選択肢の9割が本文の言いかえであると言っても過言ではありません。

なお、アとウが間違いであることに気づくためにも、要約が有効です。

すなわち、「選択肢自体を要約」するのです。

アを要約すると「言葉が大切」となります。
ウを要約すると「心が大切」となります。
しかし、本文は「身振り手振りが大切」という主旨ですから、アもウも間違いです。
選択肢自体を正しく読みとるためにも、「言いかえる力」が不可欠なのです。

この問題はかなり平易ですから、意識して要約したり抽象化したりしなくても正解できた子が多かったものと思いますが、通常の読解問題はこれほど平易ではありません。

難しい問題であればあるほど、要約や抽象化といった「言いかえ」が必要になります。

「選択肢は本文の言いかえである」

この言葉を、呪文のように毎回毎回、お子さんに言い聞かせましょう。

あるいは、あなたが「選択肢は？」と問い、お子さんが「本文の言いかえである」と答えるような問答をとり入れましょう。

そうすれば、得点力アップは間違いなしです。

私の塾では、「選択肢を頼りにするのではなく、あくまでも本文を頼りにするんだ」ということを理解した子どもたちの〝選択力〟が、グンとアップしました。

〝選択力〟だなんて、単なる小手先のテクニックにも思えるかもしれませんが、その「枝」を根元へとたどっていけば、そこには、論理的思考力という太い「幹」があります。

だからこそ、この〝呪文〟には価値があるのです。

4 「書き」の場面で、最も大切なこととは何か？

◇優先すべきは自由度の高い作文？ 低い作文？

さて、前節では「読み」についてご紹介しましたので、今度は**「書き」**について見ていくことにしましょう。

「書き」、つまり作文には、大きく分けて2種類あります。

1つめは、**「自由度の高い作文」**。

内容と書き方、つまり何をどう書くのかについて、ほとんど子どもに任せられている作文です。

たとえば、運動会・文化祭・修学旅行などのイベントのあとに書く作文、夏休みの読書感想文、あるいは物語を自分で書いていく創作文などです。

2つめは、**「自由度の低い作文」**。

大小の課題を与えられ、それに沿った内容と書き方が求められる作文です。

たとえば、入試読解問題の最後に課せられる100～200字の作文や、教科書・問題集の文章を短くまとめていく作文、あるいは高校入試の際の自己アピール作文などです。

私がここでとりあげるのは、より高い論理性を求められる作文、つまり2つめの作文です。

もちろん、1つめの作文にしても、論理性が不要であるはずはないのですが、学校側はあまりそれを求めておらず、評定も感覚的です。したがって、ここでは扱わないことにします。

子どもたちが本当に困っているのは、1つめの作文よりも、2つめの作文のはずです。こちらは一定の数値評定が出るため、ごまかしようがなく、力不足がはっきりわかってしまいます。しっかりとした対策が必要です。

そしてまた、年を重ね、社会に出てから最も必要になるのもまた、2つめのように論理性の高い文章を書くための力なのです。

わが子のかぎられた学習時間をどちらに割くべきか？

結論は明らかですね。

◇目をおおいたくなるひどい解答文――その致命的ミスはここにある

さて、さっそく具体的に見ていきましょう。

次の課題は、主に小学4年生～中学3年生あたりが対象学年です（第1章でも述べたように、論理に学年は関係ありませんから、本来はどの学年でもできます）。

ただ、今回はいままでよりはハードでしょうから、あなたがこの章を最後までお読みになり、納得することができたあとで、お子さんにチャレンジしてもらってください。

9　次の題材文が何を伝えようとしているのかについて、200字程度で書きなさい。ただし、同様の例を2つあげて説明すること。

（題材文）　アヤコが言いました。

「あーあ。また80点しかとれなかった。最近、悪い点数ばっかり」

「えー？　80点のどこが悪い点数なの。すごくいい点数じゃないか」

ケンタにそう言われたアヤコは、反論しました。

「80点だよ？　どこがいい点数なの。どう見ても悪い点数でしょ」

【悪い解答文例】

いい点数とか悪い点数とかは、簡単には決められないと思う。いい人にはいいし、悪い人には悪いと思う。いいか悪いかとか、重いか軽いかとか、そういうことだと思う。１００キロの人とか聞くと、重い感じがするけど、２００キロのほうが重いと思う人もいる。あと、夜10時になると、お母さんが、もう遅いから早く寝なさい、って言うけど、お兄ちゃんは、夜12時でも起きてるから、それにくらべれば早いほうだと思う。（１９２字）

「ああ、わが子が書きそうな作文だ……」

そう苦笑した方もいらっしゃるでしょう。

思わず目をおおいたくなりますね。

ただし、この文例はまだわかりやすいほうかもしれません。

もっともっとわかりにくい文章を書く子は、たくさんいます。


さて、この悪文例の大きな欠点は、２つあります。

１つめは、**「題材文の具体例と解答文の具体例とが、イコールの関係になっていない」**ということです。

求められている「同様の例」になっていないのです。

題材文の具体例では、「80点はいい」「80点は悪い」と言い合っています。つまり、「同じ80点」に対しての議論です。

これを抽象化すると、**「同じ数値・同じことがらに対してどう感じるか？」**という観点が浮かんできます。

しかし、解答文では「１００キロは重いけど、２００キロのほうが重い」「12時にくらべれば10時は早いほうだ」となっており、「同じ数値・同じことがら」という観点とは食い違っています。

こうなってしまった原因は、題材文の具体例を「ありのままに」とらえて抽象化することができていないことにあります。

要するに、「言いかえ」に失敗しているのです。

２つめは、**「『何を伝えようとしているのかについて書きなさい』という指示に答えていない」**ということです。

これが、致命的な欠点です。

この課題がテストであれば、3分の2以上減点されるか、あるいはバツになってしまうかのどちらかでしょう。

問われているのは、「要するに何の話？」ということです。

まさに、ここまでのところで何度もお話してきた抽象化力、とりわけ名詞化力が試されているのです。

悪文例では、抽象的な言いかえがまったく行われていません。

致命的ミスです。

では、どんな答えなら〝合格〟なのでしょうか？

この章の最後を飾るにふさわしい、「言いかえる力」を使った〝マジック〟を、ご覧にいれましょう。

5 「言いかえる力」を発揮すれば、作文はガラリと変わる！

◇明快な文を生み出すマジックのタネ、教えます

まずは、解答文例からご覧ください。

【よい解答文例】

同じことがらであっても、人によってそれに対する感じ方や価値観は異なるということを、この文章は伝えようとしている。

たとえば、同じ3000円のTシャツに対して、父は安いと言い、母は高いと言ったが、私はちょうどいい値段だと思った。また、2時間半の長さの映画を友達と観に行ったとき、5人中2人は長く感じたと言い、1人は短く感じたと言ったが、私ともう1人はちょうどよい長さだと感じた。

このような例と同じメッセージが読みとれる。

（208字）

きわめてスッキリしています。

一読しただけで、話が頭に入ってきます。

では、どうすれば、あの題材文から、こんな文章を生み出せるのでしょうか？

125ページの図をご覧ください。

これが、タネ明かしです。

「言いかえ1」、つまり**「抽象化」**が、この問題の生命線です。

ここさえクリアすれば、答えは半分以上完成です。

ここでは、先ほど書いた「同じ数値・同じことがら」への抽象化とともに、「感じ方・価値観」という言葉への名詞化に成功したかどうかが、カギとなります。

「価値観」は無理でも、「感じ方」なら多くの子がたどりつけるのではないでしょうか？

「感じ方」だけでも、十分合格ラインです。

「言いかえ2」の**「具体化」**は、求められている「同様の例2つ」のために行います。

「言いかえ1」さえ成功していれば、この具体化は、さほど難しくはないはずです。

数値で表されること、たとえば時間・速さ・量・サイズ・温度などに目を向ければ、身近な例はたくさん思いつくはずですから……。

さて、いかがでしょうか？

このように、抽象化・具体化という「武器」を〝意識的に〟使うことさえできれば、より優れた解答文をつくることは、想像以上に簡単なことなのです。

課題9の題材文を、あらためて読み直してみてください（118ページ参照）。

お子さんにとっても、一読しただけで意味がつかめるレベルの文章のはずです。

しかし、「要するに何を伝えている文章なのか？」と問われると、正しく答えることができない子は大勢います。

こんなにわかりやすい文章でさえ、「本当はわかっていない子」がいるのです。

それに対して、抽象化と具体化によって「言いかえる」ことができた子は、その文章を「本当にわかった子」であると言えます。

「本当にわかった」からこそ、別の表現で「言いかえる」ことができたわけです。

つまり、「言いかえる力」とは、「真の理解力」のことなのです。

そしてそれは、論理的思考力の最も大切な柱となり、お子さんの国語力を一生支え続けてくれることでしょう。

「言いかえる力」を発揮した考え方

課題	①課題文（具体）	同じ80点という点数について、	アヤコは ケンタは	悪い点数だと言ったが、 いい点数だと言った。
	言いかえ1	←抽象化	←抽象化	←抽象化
よい解答文例	②結論（抽象）	同じ数値・ 同じことがらであっても、	人によって	それに対する感じ方（価値観）は 異なる。
	言いかえ2	←具体化	←具体化	←具体化
	③例1（具体）	同じ3000円の Tシャツに対して、	父は 母は 私は	安いと言い、 高いと言ったが、 ちょうどいい値段だと思った。
	④例2（具体）	同じ2時間半の映画について、	5人中 2人は 5人中 1人は 私ともう1人は	長く感じたと言い、 短く感じたと言ったが、 ちょうどいいと感じた。

◇いますぐ最初の一歩を踏み出そう

ここで、第2章・第3章のおさらいをしておきます。

次ページの図をご覧ください。

とにかくまずは、「つまり」と「たとえば」の仕組みについて教え、「すずめ・はと・カラス、つまり鳥」といった単純な言いかえ練習を進めましょう。

「なんとなく使っている」状態から、「意識して使いこなす」レベルへと高めるための第一歩が、ここにあります。

お子さんが単純な「言いかえ」に慣れてきたら、「マトリョーシカ」の理解と練習に進み、「言いかえる力」をより自由に使えるようにしていきます。

また、「名詞化」を含む「要約」の練習によって、「言いかえる力」のなかでもとりわけ大切な「抽象化力」を高めていきます。

さらに、読解問題の選択肢は本文の「言いかえ」であることを知り、そのことを念頭において正確に答えを選び出すための方法を練習します。

そして、ここまでの集大成として、課題作文に挑戦させてみましょう。

「課題作文はわが子にはまだハイレベルすぎる」と感じる場合は、「課題文の音読と書き

「言いかえる力」を身につけるための6ステップ

ステップ1 (78ページ)	**「つまり/たとえば」の仕組みの理解** ・AつまりB(抽象化) ・BたとえばA(具体化)
ステップ2 (83ページ)	**「つまり/たとえば」の言いかえ練習** ・「すずめ・はと・カラス」、つまり「鳥」 ・「鳥」、たとえば「すずめ・はと・カラス」
ステップ3 (87ページ)	**マトリョーシカの理解と練習** ・ライオン < 肉食動物 < 動物 < 生き物　の理解 ・「えんぴつとハサミと文房具」の修正 ・「教室という音楽室」の修正
ステップ4 (98ページ、105ページ)	**一文を要約する練習** ・「黄色い花の周りを、チョウが楽しそうに飛んでいる。」の要約 ・「虹の色は赤、橙、黄、緑、青、藍、紫とならんでいます。」の名詞化
ステップ5 (111ページ)	**読解問題の選択肢は本文の「言いかえ」であることを理解** ・「身振り手振りによって、メッセージがよりよく伝わる。」と抽象化
ステップ6 (116ページ、122ページ)	**課題作文を書く……具体 → 抽象 → 具体　で言いかえる** ・同じ数値・同じことがらであっても、人によってそれに対する感じ方(価値観)は異なる

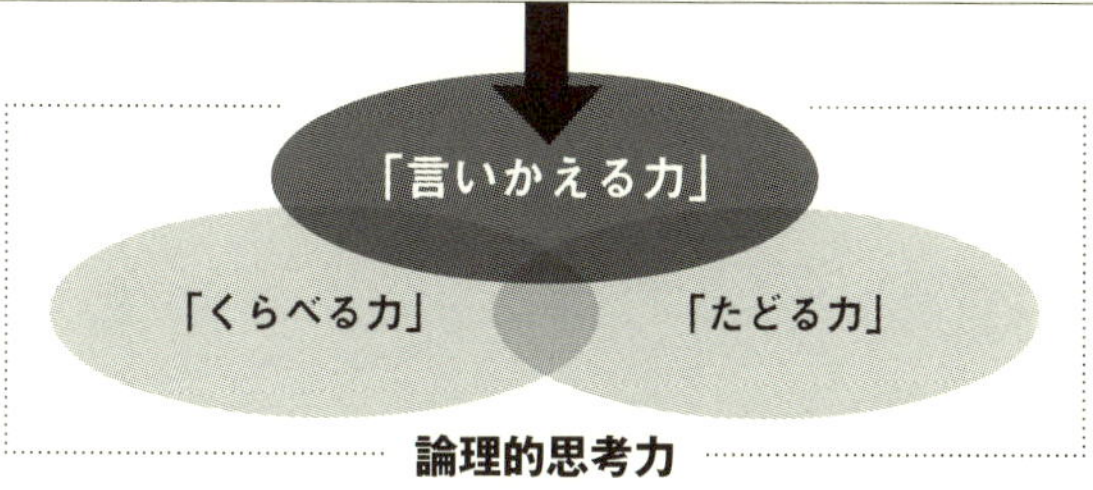

写し」「よい解答文例の音読と書き写し」などの学習だけでも、価値があるでしょう。

これらの練習を重ねていくうちに、「言いかえる力」が自然と磨かれ、その結果として、論理的思考力が着々と高まっていくことは間違いありません。と同時に、お子さんの得点力もグンとアップしていくことでしょう。


さて、「言いかえる力」はこれで終わりです。

ここでご紹介したさまざまな手法は、あなたがわが子に対して実践しなければ、価値が半減してしまいます。

もしまだであれば、今週中、いや明日、いや今日にでもすぐ、実行してください。

実行した結果、お子さんの反応に手ごたえを感じたなら、それは、あなたご自身が第2章と第3章の内容を「真に理解」し、お子さんに対して「言いかえる」ことができた、ということの証であると言えるでしょう。

さあ、次は**「くらべる力」**です。

さらなるレベルアップへの一歩を、踏み出すことにしましょう。

第4章

ここで大きな差がつく！「くらべる力」はこう身につけよう

1 「くらべる力」が生み出すスピードとパワー

◇これをするだけでメッセージの伝わり方が激変

ここからは、「3つの力」の2つめ、**「くらべる力」**について見ていくことにします。

「くらべる力」とは何なのか？

どのように役立つのか？

どんな効果があるのか？

まずは、そのあたりからお話していきます。

さて、突然ですが、次の文を読んで、どんなイメージをもちますか？

太郎は素直な性格でした。

ふーん。素直なんだ。

――正直、それしか言えませんね。

でも、これならどうですか？

次郎も三郎も、ひねくれ者でした。
しかし、太郎は素直な性格でした。

太郎の素直さが、一瞬のスピードで浮き彫りになりましたね。

東京都の人口密度は5748だ。
生活にゆとりがなくなるのも無理はない。

ふーん。5748か。

1平方キロメートルのなかに、5748人いるってことか。すごいな。

せいぜいその程度ですね。

では、これはどうでしょう？

北海道の人口密度は72だ。

それに対して、東京都の人口密度は5748だ。

生活にゆとりがなくなるのも無理はない。　（データは、平成17年国勢調査による）

えー？　桁が全然違うじゃないか。これは驚きだ。

たしかに、ゆとりがなくなるのも無理はないなあ。


ほんの一文を加えただけで、訴えかけるパワーが激変しましたね。

これが、「くらべる力」のスピードとパワーです。

私たち大人は、意識しなくてもある程度この力を使うことができますが、子どもたちはと言えば、そうはいきません。

もし、お子さんがこの力を意識的に使うことができたら、すばらしいと思いませんか？

この章では、それを可能にするためのシンプルな方法を、次々とご紹介していきます。

2 「くらべる力」とは対比力

◇「くらべ方」には2つのタイプがある

さて、まずは、「くらべる」ということをお子さんに意識させるために、次のように問いかけてみましょう。

「これから言う文のなかで、〝反対になっている言葉〟を言ってみてね。

『ケンジくんは暑いと言いました。でも、ハナコさんは寒いと言いました』

さあ、どれとどれが反対？」

きっと、お子さんは「そんなの簡単だよ」と、すぐに答えを言うでしょう。

「暑いと寒い、でしょ？」

「へー、よくわかったね」

などとおおげさに驚いてみせ、

「じゃあ2問め」

と続けます。

「『昼は暑い。でも、夜は寒い』」

さあ、これは?」

お子さんは、一瞬「?」という顔をしながらも、やはり答えるでしょう。

「暑いと寒い?」

「そう、そのとおり。でも、まだあるよ。

反対語とは言いきれないけど、くらべている言葉があったでしょ?」

「あ……昼と夜?」

「そうそう、よくわかったね。

暑いと寒い、昼と夜、というようなくらべ方を、『**対比**』って言うんだよ」

このようなやりとりだけで、「対比」という言葉をざっと理解させることができます。

「昼と夜」が反対語とは言いきれないのは、「朝と夜」「朝と昼」などの組み合わせも成立するためです。

このように複数の組み合わせがある対比を、私は**「ワンセットタイプ」**と呼んでいます。

また、「暑いと寒い」のような対比は、**「正反対タイプ」**と呼んでいます。

これらは、ほかにも次のような例があります。

【ワンセット】……昼と夜／晴れとくもり／過去と現在／冷たいとぬるい
【正反対】……暑いと寒い／大と小／内と外／生と死／明と暗／成功と失敗

この2つのタイプをまとめて「対比」と呼び、これを意識的に読み書きのなかで使う力を、私は「くらべる力」と定義しています。
この「対比」の重要性は、国語教育に携わっている多くの方々によって、さまざまな機会に述べられています。国語の指導者向けの本を読んでいても、必ずといってよいほど強調されています。

「本当の国語力」をつけるうえで必要不可欠な「くらべる力」――。

まずは、ここで「くらべる力とは対比力のことである」ということをしっかりと覚えておいてください。

3

「それに対して」が「くらべる力」のカギとなる

◇こうすれば、子どものえんぴつは勝手に動き出す

子ども の「論理的思考力」を育むうえで欠かせない「くらべる力」――。

この節でご紹介する方法の秘訣は、**「書き出し部分を与えてしまう」**ということです。

「そんなの、親切すぎるのでは……」

そう思ったあなたは、きっと、こんな言葉を頻繁に口にしているのではないでしょうか?

「自分のことは、自分でやりなさい」

もっともな言い分ですが、注意も必要です。

自主性を過度に尊重した教育というのは、たいてい失敗するものです。

「自主的にやりなさい」と言われてしぶしぶやるときの〝自主性〟は、ニセモノです。

「ここから先は、自分でやりなさい」

これが、優れた教育手法です。

ふらついているわが子の自転車を後ろから押し支えて一緒に走りながら、ふと手を離してみる。すると、自転車はすーっと走り出します。

自力でコントロールする楽しみを知った子は、次に親が手伝おうとしてもそれを拒み、「自分でやる！」と言い出します。

このとき初めて、本物の「自主性」が引き出されるのです。

こうなれば、あとは微笑みながら見守り、ときどきアドバイスするだけでよいでしょう。

子どもに文章の書き方を教えるときにも、同じことが言えます。

「自分の勉強なんだから、最初から全部自分で書きなさい」

こう指示された子は、白紙を前にしてどのように書けばよいのか見当もつかず、途方に暮れます。文章を自力でコントロールしながら書いていく楽しみを知るレベルにまでたどりつけずに、スタートからつまずいてしまうわけです。

やはり、文章を書くときにも、自転車を押し支えてあげるのと同じように、慣れるまでは書き出し部分を与えてあげることが大切なのです。

◇短期間で「くらべる力」がつくシンプルなレッスン

さっそくですが、書き出し部分を与える練習課題の具体例をご紹介します。

［前半］。それに対して、［後半］。

これが基本形です。

前半は、あなたが与えます。お子さんは後半を考えるだけでかまいません。

ただし、**「前半も含めて文全体をノートに書きなさい」**と指示することが大切です。前半と後半の両方を書くからこそ、「くらべる」ことを意識できるのです。

また、この練習では、最初のうちは必ず**「それに対して」**でつなぐようにします。「しかし」や「でも」などでつなぐ方法もありますが、これらには「対比」だけでなく「逆接」の働きがあるため、混乱しないよう後回しにします（詳しくは144〜146ページでご説明します）。

ちなみに、「それに対して」は、いわば**「対比の専門家」**です。「それに対して」を使っているかぎり、対比以外の意味をもつ文になることはありません。

まずは、この言葉を用いて、くらべていく練習を進めましょう。

なお、ノートに書く際は、**「後半の前で改行する」**のが理想です。

そうすることで、前半と後半が横に並ぶため、よりいっそう「くらべる」ことを意識させることができます。

では、まず1問め。

> 1 ガラスでできた食器は割れやすい。それに対して、――。

簡単ですね。多くの子が意気込んで答えます。

「プラスチックでできた食器は割れにくい」などが答えです（木でできた食器なども可）。

「プラスチックの場合は割れにくい」などと省略して答える子もいますが、好ましくありません。

この基礎練習では、前半と後半をバランスよく対応させていくことが大切だからです。

前半と同じ言い回しを繰り返すと、ちょっと〝しつこい〟感じを受けることもありますが、この段階では、そこは無視します。

徹底的に「対比」を意識させるためです。

2　タクシーは乗客を自宅の前まで運んでくれる。それに対して、――。

「バスは乗客をバス停までしか運んでくれない」、あるいは「バスは乗客を自宅の前までは運んでくれない」といった答えになるでしょう。

「電車は乗客を駅までしか運んでくれない」と書く子がいましたが、「ワンセット」の対比としては「タクシーと電車」よりも、やはり「タクシーとバス」ですね。

3　昨日とは過去であり、変化させることができない。それに対して、――。

「明日とは未来であり、変化させることができる」がベスト解答。

「今日とは現在であり、変化させることができる」とした子がいました。

「昨日と今日」「過去と現在」はそれぞれ「ワンセット」ですから間違いではありません。

しかし、より際立つ「正反対」の言葉がある場合は、そちらを選ぶべきです。

やはり、「昨日↑↓明日」「過去↑↓未来」が最適です。

4　降水確率30％前後の日は傘をもって行かなくてもよいだろう。それに対して、——。

「降水確率70％前後の日は傘をもって行ってもよいだろう」がベスト解答。

この70という数字がキレイに出る子は、「くらべる力」の高い子です。

なぜ70がよいのかわからない子には、数直線を書いてあげましょう。

30％は、０からの距離が30です。

同様に１００からの距離が30である70が、最適の対比と言えます。

30と「ワンセット」になるのは、70しかないのです（「正反対」はありません）。
50、60、80、90などは、対比としては不適切です。
しかし、ときには１００にする子さえいます。１００％では、「もって行ってもよい」につながりません。

「もって行くべきである」とせざるを得なくなってしまいます。

このケースでは、次のような対比が頭に浮かぶかどうかが、大切なポイントとなります。

30％「もって行かなくてもよい」←→「もって行ってもよい」70％
0％「もって行くべきではない」←→「もって行くべきである」100％

5　見逃し三振の場合は、何もできなかったという後悔が残る。それに対して、――。

「空振り三振の場合は、やるだけやったという達成感が残る」などがベスト解答。
これはやや難易度が高く、次の3つのステップをクリアしなければなりません。

①「見逃し」とワンセットのものが「空振り」であると気づけるか？
②「見逃し」をマイナス、「空振り」をプラスにとらえた文であると気づけるか？
③「後悔」と対応する〝プラスの心情語〟を思いつけるか？

このような難しめの問題では、まず、対比させるべき言葉に線を引かせるとよいでしょう。「見逃し」「何もできなかった」「後悔」に線を引かせて、それぞれを対比させながら後半を考えるように伝えます。

さて、②でミスすると、「空振り三振の場合も、やっぱりダメだったという後悔が残る」

などとする子が出ます。

これでは、違いを際立たせることができず、対比になりません。

また、③は、「やるだけやったという○○」の「という」が「言いかえ（抽象化）」であることをもとに考えます。「達成感」のほか、「充実感」「満足感」なども可です。

◇身についた力をより強固にする3つのポイント

138ページで、「それに対して」は「対比の専門家である」と述べました。

ただ、「それに対して」はちょっとカタい言葉ですから、あまり日常的に使われる表現だとは言えません。

そこで、それ以外の表現もひととおり教えておく必要があります。

①「A　一方　B」……　彼は北に向かった。一方、彼女は東に向かった。

「一方」もカタい表現ですが、「それに対して」よりも〝対比の許容範囲〟が広いため、文章によく登場します。

お子さんに、次のどちらが正しく聞こえるか、質問してみましょう。

6　正しいのはどちらですか？

ア……「北　それに対して　南」（↑　正反対）………○

イ……「北　それに対して　東」（↑　ワンセット）………△

正しいのはアです。文字どおり〝対して〟いるからです。イは、違和感が残ります。こんなときに、「一方」が役立ちます。

ウ……「北　一方　南」（↑　正反対）……………○

エ……「北　一方　東」（↑　ワンセット）……………○

「一方」は文字どおり「一方向」でさえあればよいので、許容範囲が広いのです。この4つの単純な例文をノートに書かせてみると、お子さんもすぐ理解できるでしょう。

②「A　しかし　B」……　日本はもう朝になった。しかし、アメリカはまだ夜だ。

「それに対して」の代わりに「しかし」を入れた例です。「でも」なども可です。

あるいは、「日本はもう朝になったが、アメリカはまだ夜だ」のように一文にすることもできます。

この場合は、「が」という一文字が「しかし」と同じ働きをしています。

このように、**「しかし／でも／が」**の類は「対比」の働きをもっています。

ただし、これらの接続語は本来「逆接」の働きももっていますから、気をつけなければなりません。

次の2つのうち、どちらが対比になっているか、お子さんに問いかけてみましょう。口頭で伝えただけで、どちらが対比であるかすぐにわかれば、「くらべる力」が育ち始めていると言えるでしょう。

> 7　対比になっているのは、どちらですか？
> ア……「日本はもう朝になった。しかし、空はまだ暗い」
> イ……「日本はもう朝になった。しかし、アメリカはまだ夜だ」

アは「逆接」、イが「対比」です。

「逆接」というのは、主に、後続の文が前半に対して**「予想外の展開」**であることを示します。

この場合、「空はまだ暗い」というのが「予想外の展開」ですね。

同様の例は多々あります。

「秋になった。しかし、まだ暑い」など。

これも、対比とは言えません。

対比かどうかをチェックするには、「しかし」の部分を「それに対して」などに入れかえてみることです。

入れかえても意味が通じれば、対比です。

お子さんが対比を意識して読み書きする際に、このようなチェックの方法を身につけておくと、読み間違い・書き間違いを防ぐことができます。

③「AではなくB」……　合格は、ゴールではなく、単なる通過点だ。
この文では、「ゴール（終着点）」と「通過点」が対比されています。

じつは、このような**「否定バージョンの対比」**は、読解問題の設問に多用されています。

次のような練習を積むことで、この「否定バージョンの対比」の活用力を磨きましょう。

8 次の各文の（　　）を埋めなさい。
ア……勉強するのは、だれか他人のためではなく、あくまでも（　　）のためだ。
イ……手書きの年賀状は古いと言うが、そんなことはない。むしろ、（　　）。
ウ……ミチコはそのとき、マミを嫌うどころか、むしろ（　　）になった。
エ……楽しいから笑うのではない。（　　から　　）のだ。

解答は次のとおりです。

ア……自分　イ……新しい　ウ……好き　エ……笑う（から）楽しい

ウは「～ない」という否定の言葉がありませんが、「AむしろB」はAを否定する役割をもちますから、同じタイプであると言えます。

さて、ア～エの各文は、いずれも（　　）のなかが文章の主張となっています。「否定バージョンの対比」を活用すれば、筆者（作者）の主張を読み解くことができるのです。

これは、文章の主張を問う読解問題において、お子さんの得点力に直結する方法となりますから、ぜひ練習を積ませましょう。

ここまでにご紹介した1〜5や8のような練習問題は、あなたが前半をつくり、お子さんが後半を考えるという形で、いくらでも実践していけますね。

基礎固めにはぴったりの方法です。ぜひ、とり入れてみてください。

「1日1題、5分間」でも、効果絶大です。

ちなみに、このような基礎練習を積んでいると、読解問題などで文章を読んでいるときにも、「これは、何かとくらべて書かれているんじゃないかな?」「きっと何かと対比されているはず」というような観点が自然に生まれてきます。

たとえば、ある小学6年生の子は、「現代は物が豊富だが、心は貧しい」という主張の文章に出会ったとき、「物」を批判している前半を読んだだけで、「心」という「対比された主張」の存在をなんとなく予想できた、などと話していました。

つまり、「くらべる力」は、〝**先を読む力**〟をも与えてくれるのです。

そのためにも、まずは基礎固め。

実践あるのみですね。

4 「くらべる観点」はしっかりそろっているか？

◇「くらべない文章」は、こんなにも弱々しい

基礎固めの方法は、ひととおりご説明しました。

ここからは、「言いかえる力」の場合と同様、課題作文に対する解答例の良し悪しを比較して、「くらべる力」のもつスピードとパワーを、さらに実感していただきたいと思います。

しっかり読み込んで、お子さんにばっちり教えられるようにしてください。

9　ここは混雑したデパート。エレベーターとエスカレーターのどちらかで、1階から7階へ向かいます。あなたは、エスカレーターを選びました。その理由を、150字程度で説明しなさい（2つの理由に分けて書くこと）。

【悪い解答文例】

エレベーターは、早く乗りたくても乗れない。いつも動いているから便利なのはエスカレーターだと思うから、エスカレーターがいい。

それに、エスカレーターは、ほかの客がいても、着くのが遅くならない。ほかの客がいると、エレベーターはめんどうくさいから、エスカレーターがいい。

だから、私はエスカレーターを選ぶ。(148字)

「くらべているつもりなんだろうな……」

という感じはします。

でも、ピンときませんね。

何が原因なのでしょうか?

それは、「上手にくらべることができていない」からです。

より正確に言えば、**「くらべる観点がそろっていない」**からです。

「どんな点でくらべているのか?」が、伝わってこないのです。

目のつけどころはよいのですが、訴えるパワーのない、弱々しい文章です。

◇そろえれば、こんなにスッキリした文章が書ける

では、どうすればよいのでしょう？

【よい解答文例】
まず、エレベーターは、乗るまでに待たされることが多い。
それに対して、エスカレーターは、乗るまでに待たされることは少ない。※
また、エレベーターは、到着までにほかの客の乗り降りによって待たされることが多い。
それに対して、エスカレーターは、到着までにほかの客の乗り降りによって待たされることは少ない。※
だから、私はエスカレーターを選ぶ。（１６３字）
※「そのようなことは少ない」と省略できるが、練習段階ではあえて省略しない

これで、観点がスッキリしました。
前半は、「乗るまでの間、待たされるかどうか？」という観点。

後半は、「到着までの間、ほかの客の乗り降りで待たされるかどうか？」という観点。悪い例のほうも、じつは同じ観点で書かれているのですが、伝わってきませんでしたね。

くらべる観点をそろえる――。

これを意識しなければ、本人がどんなにくらべているつもりでも、読む相手には伝わらないのです。

では、どのような練習を積めば、くらべる観点がそろったわかりやすい文章を書くことができるようになるのでしょうか？

次は、そのための具体的な方法をご紹介します。

5 たった4行でラクラク書けて楽しめるプチ小論文――レベル①

◇始める前に「くらべるメモ」を書かせよう

「先ほどの【よい解答文例】のような文章が書ければ苦労はしない。わが子はそんなに思いどおりには書けない」

そう感じている方もいらっしゃることでしょう。

ここでは、そんなお子さんに大変有効な、**「メモ」**をもとにして書いていく方法をご紹介します。さっそく例文を見ていきましょう。

> おやつのときにどらやきとケーキから選ぶなら、私は、どらやきを選びます。
> ケーキは、フォークや皿を用意しないと食べられません。
> しかし、どらやきは、フォークや皿を用意しなくても食べられます。
> だから、私は、どらやきを選ぶのです。

まずは、例文をノートに書き写させます。

書き写すことで、漠然と読んでいるときには気づかなかった「対比」にも目が向くようになります。

そのあとで、次の【くらべるメモ】の①と④を埋めるよう指示します。


【くらべるメモ】
A　どらやき　プラス　「フォークや皿を用意しなくても食べられる」……①
　　　　　　　マイナス「　　　　　　」……②
B　ケーキ　　プラス　「　　　　　　」……③
　　　　　　　マイナス「フォークや皿を用意しないと食べられない」……④

①と④を埋めるのは簡単です。文章から引っ張ってくるだけですから……。
しかし、こんな簡単なメモ1つでも、その効果は絶大です。

「くらべる観点」がスッキリと見えてくるため、子どもは、「なんだ簡単じゃないか」と感じるのです。そして、ゲーム感覚で楽しみながら取り組むようになります。

さて、次に、②と③を埋めさせます。

内容は、自分で考えさせてください。

ただし、「①と④のように、②と③もそれぞれが反対になるようにしなさい」と指示することが大事です。

たとえば、こんな内容になるでしょう。
②……「手がよごれる」
③……「手がよごれない」
最初は、この程度の簡単な内容で十分です。

そして、ここまでできたら、次の枠組みを埋めていく形で、「ケーキ」を選ぶ文章を書かせます（例文は、「どらやき」を選ぶ文章でしたので、立場を変えるわけです）。


【　　】に【A】と【B】から選ぶなら、私は、【★】を選びます。

【☆】は、【　　　　　　　　】です。

しかし、【★】は、【　　　　　　　　】です。

だから、私は、【★】を選ぶのです。（★は選ぶほう、☆は選ばないほう）

できあがった作文は、次のようになるでしょう。

おやつのときにどらやきとケーキから選ぶなら、私は、ケーキを選びます。
どらやきは、手がよごれてしまいます。
しかし、ケーキは、手がよごれません。
だから、私は、ケーキを選ぶのです。

◇たった4行のなかに、これだけの重要な要素が!

小学校低学年の子でも書ける、この「くらべるメモをもとにした4行作文」には、じつは重要な要素が3つも盛り込まれています。

①「くらべる観点」をそろえる力がつくことで、「くらべる力」が高まる
②自分の主張を展開する練習、つまり小論文の骨格をつくる練習となる
③AとBのメリット・デメリットを両方考えることで、広い視野を培うことができる

①……これについては、もう十分ご説明しました。

②……「主張」とは、「くらべる」ことの本来の目的です。私たちがAとBを「くらべる」のは、多くの場合、AとBを比較したときにAのほうが（Bのほうが）大切である・価値が高い、ということを主張するためなのです。

③……世の中には、自分とはまったく逆の考え方をする人もいます。そういう立場の人の考えにも理解が及ぶようにわが子を育てるには、日ごろからこういった練習を積むことが有効です。

ここで、少し補足をしておきます。

まず、「4行」というのは、正確には「4段落」です。当然ながら、1文字の大きさやノートの使い方しだいで行数は変わります。

また、ここでは対比のスイッチとして「しかし」を使っていますが、「それに対して」などでも、もちろんかまいません。ここで「しかし」を使っているのは、メモの段階で「対比」が完成しており、「しかし」のもつもう1つの働きである「逆接」にしてしまう危険性がないためです。

最後に、ほかのいくつかのテーマと解答例をご紹介します。

10（算数のテストで計算するときに）暗算と筆算
11（教室を掃除するときに）ほうきと掃除機
12（道に迷ったときに）近くの地図を探すか、だれかに聞くか

【10のメモと解答例】
A　暗算　プラス　「答えを出すために時間がかからない」
　　　　マイナス　「答えを間違えてしまう可能性が高い」
B　筆算　プラス　「答えを間違えてしまう可能性は低い」
　　　　マイナス　「答えを出すために時間がかかる」

算数のテストで計算するときに、暗算と筆算から選ぶなら、私は筆算を選びます。暗算は、答えを間違えてしまう可能性が高まります。

しかし、筆算は、答えを間違えてしまう可能性は低いのです。
だから、私は筆算を選ぶのです。

12は、ややレベルの高い問題です。11までが名詞をくらべているのに対して、12は動詞（探す・聞く）をくらべているからです。

12では、文章の書き出しは次のようになります。

「道に迷ったときに、近くの地図を探すか、だれかに聞くか、どちらかから選ぶなら」

「どちらかから」を入れるだけですが、ここでつまずく子はけっこういます。

このようなちょっとした文章表現を磨くために、12のような変化のある問題をとり入れることが有効になります。

さて、次は、さらなるレベルアップを目指すための練習です。

「くらべる力」だけでなく「知的な楽しさ」もレベルアップすること、間違いなし。

そして、親であるあなたの知性をわが子に示すチャンスかもしれません。

楽しみに読み進めていってください。

6 たった4行でラクラク書けて楽しめるプチ小論文——レベル②

◇2つの力がコラボした「共通点・相違点作文」

それでは、さっそく説明していくことにします。
まずは、「例文」と「基本の型」をご覧ください。

【例　文】
サッカーと野球は、どちらも走るスポーツである。
しかし、ひとくちに走るスポーツであるといっても、違いはある。
たとえば、サッカーは試合中に走る量が多いが、野球は走る量が少ない。
その点では、サッカーのほうが、持久力のいるハードなスポーツだと言えるだろう。

【基本の型】
【A】と【B】は、どちらも【c】。……………………共通点の抽出（抽象化）
しかし、ひとくちに【c】といっても、違いはある。………逆接で展開
たとえば、【A】は【a】だが、【B】は【b】である。……相違点の対比（具体化）
その点では、【d】。……………………………………AかBを選び主張する

今回の「対比のスイッチ」は、2行めの「しかし」ではなく、3行めの「が」です。この「が」は、「でも」などと同じです。

ここでは対比の接続語として働きます（145ページ参照）。

さて、今回のパターンは、「言いかえる力」とのコラボレーションになっています。

基本の型と、次ページのマトリョーシカの図とを見ながらご確認ください。

ステップ❶ 1行めで抽象化する

例文では、「サッカーと野球」から「走るスポーツ」へと、枠組みをジャンプして抽象化。

共通点・相違点作文

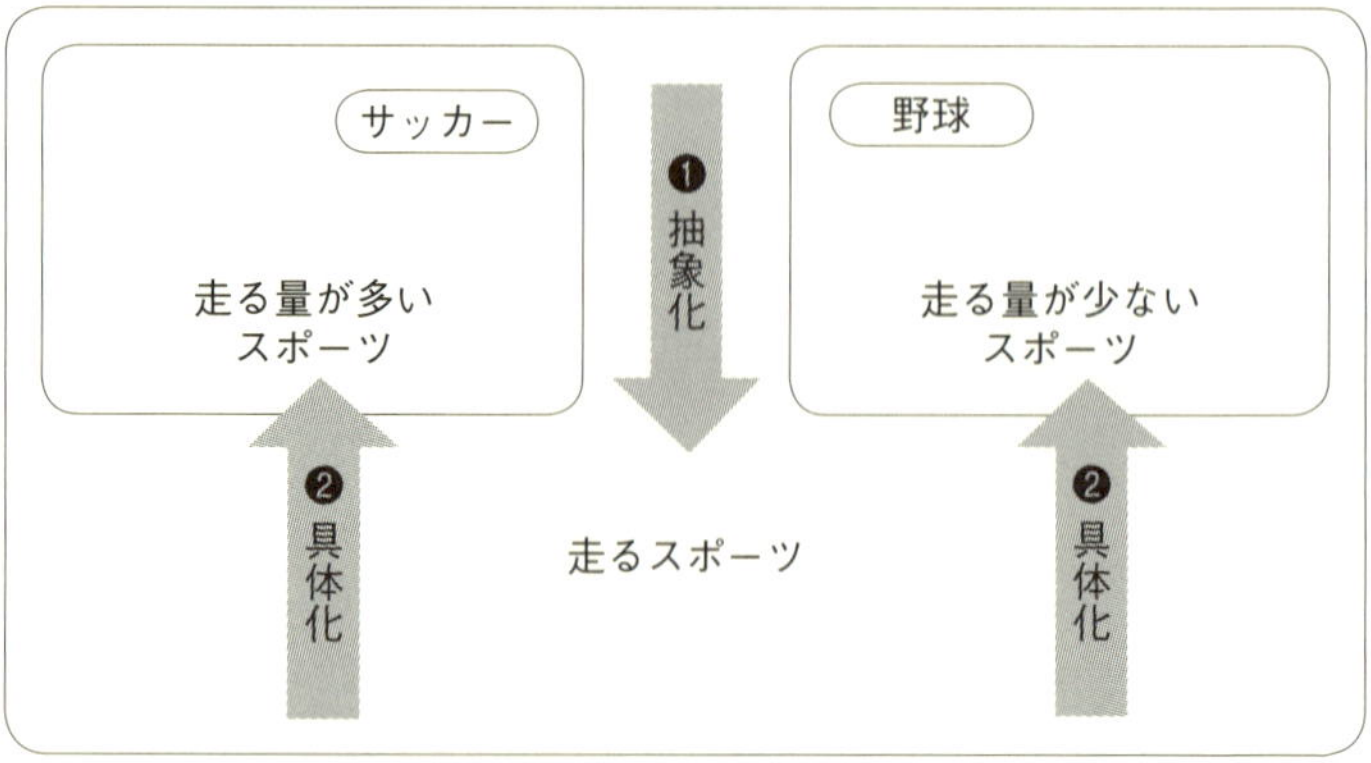

ステップ❷ 3行めで具体化する

例文では、「走るスポーツ」から「走る量が多いスポーツ」「走る量が少ないスポーツ」へと、枠組みを1つ戻して具体化。

この2つめのステップ（3行め）が、「くらべる」部分です。

このように複雑な思考パターンも、「基本の型」に当てはめて文章を書く練習を積むだけで、容易に身につけることができます。

私の塾では、このパターンを使った作文課題を、小学4年生から高校3年生まで、幅広い学年の生徒に対して与えていますが、その効果は絶大なものがあります。

「型」があればこその効果だといえるでしょう。

◇「型」が磨かれると「内容」も深まる

ここまで洗練された「型」ができあがっていると、新しい挑戦ができます。

それは、**「内容」**の質を高めていくということです。

「えっ？」と感じた方、鋭いですね。

私がこれまで言い続けてきたのは、「内容（何を書くか）」よりも「形式（どう書くか）」が大切である、ということですから、疑問に思うのも無理はありません。

もちろん、私は「形式」を重視しています。

「内容」の質を高める挑戦は、「形式」が整っているからこそ、許されるのです。

論理というグラス（形式）にひびが入っていたり、欠けていたり、割れていたりしたら、どんなに高級なワイン（内容）を入れても、それを飲み味わうことはできません。

しかし、質のよいグラスを手に入れたら、そしてそのグラスが手になじんできたら、そのなかに質のよいワイン――味わい深い内容――を入れたいと思うのは、当然のことです。

このあとで登場する3つの問題に、ぜひ親子でチャレンジしてみてください。

「子どものほうが味のある文章を書けた」

というようなことも、きっと起きるでしょう。

その証拠に、私自身、日々の授業が感動の連続です。

「なるほど、そういう観点もあるのか！」という驚きを、子どもたちが日々与えてくれているのです。

これもすべては、論理の力です。形式が、内容を引き出しているのです。

「味のある文章」とは、「優れた観点で書かれた文章」のことです。

以下の問題を解くなかで、「優れた観点」の実体を、目の当たりにできるでしょう。

◇本質を突く「相違点」を見つけられるか？

さあ、問題に挑戦です（答えは、先ほどの「基本の型」に当てはめて書きます）。

13 「音楽」と「図工」の共通点・相違点を文章化しなさい。 14 「大人」と「子ども」の共通点・相違点を文章化しなさい。 15 「夢」と「目標」の共通点・相違点を文章化しなさい。

以下の解答例に進む前に、ぜひお子さんに独自の解答を書かせてください。できれば、親であるあなたも、実際に書いてみることをお勧めします。

【解答例の見方】
最も優れたもののみ文章化し、あとはメモだけを示しました。
「共」は共通点で、「違」は相違点です。
【　】内の記号は評定、数字は解答文を書いた子の学年です。

B……少し考えれば多くの人がわかる程度の、通常レベルの解答
A……くらべている2つのことがらの「性質」をとらえた、かなりハイレベルな解答
AA……くらべている2つのことがらの「本質」を突く、非常にハイレベルな解答

13　音楽と図工

共・学校の科目　違・小学校までの呼び方かどうか（図工は美術に変わる）【B・中2】
共・学校の科目　違・実体のあるものを生み出す科目かどうか【A・小5】

音楽と図工は、どちらもＡＢＣで評価される科目である。

しかし、ひとくちにＡＢＣで評価される科目であるといっても、違いはある。

たとえば、音楽は、音程などの客観的基準で評価されることが多いが、図工は、先生の主観的基準で評価されることが多い。

その点では、音楽のほうが、Ｃをつけられても納得できる科目だと言える。【ＡＡ・小６】

「『客観的基準』なんていう言葉が子どもから出るのか？」

あなたは、このように思ったかもしれません。

しかし、このような言葉は一度理解してしまえば、さほど難しいものではありません。

私の塾では、「主観と客観」といった程度の対義語は、小学4年生以上の子ならたいてい理解しています。

「この言葉は、まだ子どもには理解できないだろう」

などと思い込まずに、日ごろからいろいろな言葉に触れる機会を与えるようにしましょう。

14　大人と子ども
共・お酒を飲もうと思えば飲めちゃう　違・法律で禁止されているかどうか【B・小4】
共・親がいる　違・親がいなくても生活していけるかどうか【A・小6】
共・想像力がある　違・想像力が豊かかどうか（子どものほうが豊か）【A・小5】

大人と子どもは、どちらも学び続けている。
しかし、ひとくちに学び続けているといっても、違いはある。
たとえば、大人は、学んで身につけたことの量が多いが、子どもはまだ少ない。
その点では、自分はもっともっと学んでいかなければいけないだろう。【AA・小4】

15　夢と目標
共・実現させたいこと　違・それに向かう決意の強さ（目標のほうが強い）【A・中1】
共・実現させたいこと　違・実現できる可能性の高さ（目標のほうが高い）【A・小6】

夢と目標は、どちらも未来に実現させたいことである。

しかし、ひとくちに未来に実現させたいことであるといっても、違いはある。

たとえば、夢は実現までに長い時間がかかり、その間ずっと夢をもち続けるのが難しいが、目標は実現までにそれほどの時間がかからないので、目標をもち続けるのはそれほど難しくない。

その点では、夢をもち続けてそれを実現できたら、すばらしいと思う。【AA・中2】

いかがでしたか？

「こんな文章が書けるなんて……」

と驚かれた方も多いことでしょう。

もちろん、AAの解答を書いた子も、ほかの問題ではBを出したりしています。

求められているテーマと、子ども自身の当時の身近な体験とがたまたま重なったおかげでAAがとれた、ということもあったかもしれません。

しかし、たとえ〝たまたま〟だとしても、「基本の型（形式）」を使って書かなければ、〝たまたま〟もっていたその「優れた観点」、あるいは「価値ある発想」を、だれかにはっきり伝わる文章として体現することはできず、宝は埋もれたままになってしまったことでしょう。

「形式」が「内容」を引き出すというのは、そういうことなのです。

◇もう、「くらべる力」はパーフェクト!

ここで、第4章をおさらいしておきます。

171ページの図をご覧ください。

まず、「くらべ方」には「正反対」と「ワンセット」の2種類があることを教えておきます。

そのあと、「それに対して」を使って文章の後半を考える練習を通して、「対比力」を磨きます。

シンプルにして有益なこの練習が、「くらべる力」を高めるための最初の一歩となります。

その際は、「一方」や「しかし」などの役割にも触れるとともに、「AではなくB」の「否定バージョン」を活用するための練習も行うとよいでしょう。

また、その次のステップである「課題作文」がわが子にとってまだ難しいと感じられる場合は、その次の「プチ小論文——レベル①」と順番を入れかえてもかまいません。

「プチ小論文――レベル①」は、3つ～4つも書けば、小学2～3年生でも簡単に型をマスターできますから、あとは教えなくてもスラスラ書けるようになります。

「プチ小論文――レベル②」は、「くらべる力」をより強固なものにするための最終段階です。お子さんが自分から「これとあれをくらべて書いてみようかな」などと言い出したら、しめたものです。そのような意欲は、学習成果に直結していきます。

ちなみに、私の教え子たちは、この「プチ小論文――レベル②」に対して、並々ならぬ情熱を燃やしています。

まさに、「燃えている」という表現がぴったりの子が続出しているのです。

「先生、これ、面白い！　もう授業終わり？　もっと書きたかったのに」

こういう声が、毎日のように聞かれます。

B・A・AAなどといった評定に対する楽しみもさることながら、何かと何かを「くらべて」文章にしていくということ自体を楽しんでいる姿が、そこにはありました。

子どもが生まれながらにもっている知的好奇心の強さを、感じずにはいられません。

あなたも、わが子の情熱的好奇心を引き出してみたくありませんか？

ところで、最後に1つ。

「くらべる力」を身につけるための5ステップ

ステップ1 (133ページ)	**◆「暑いと寒い」(正反対)と「昼と夜」(ワンセット)の理解**
ステップ2 (136ページ)	**◆後半(「それに対して」のあと)を書く作文練習** ・ガラスでできた食器は割れやすい。それに対して、—— ・「一方」や「しかし」の役割の理解 ・「AではなくB」の「否定バージョン」で後半を考える練習
ステップ3 (149ページ)	**◆課題作文を書く……「それに対して」を使い文章を書く練習** ・エスカレーターを選んだ理由
ステップ4 (153ページ)	**◆プチ小論文——レベル①……「くらべるメモ」を書き、観点をそろえて主張** ・どらやきとケーキのプラス面とマイナス面をメモして文章化
ステップ5 (160ページ)	**◆プチ小論文——レベル②……型の力で、文章の内容を磨く** ・サッカーと野球の共通点と相違点を文章化

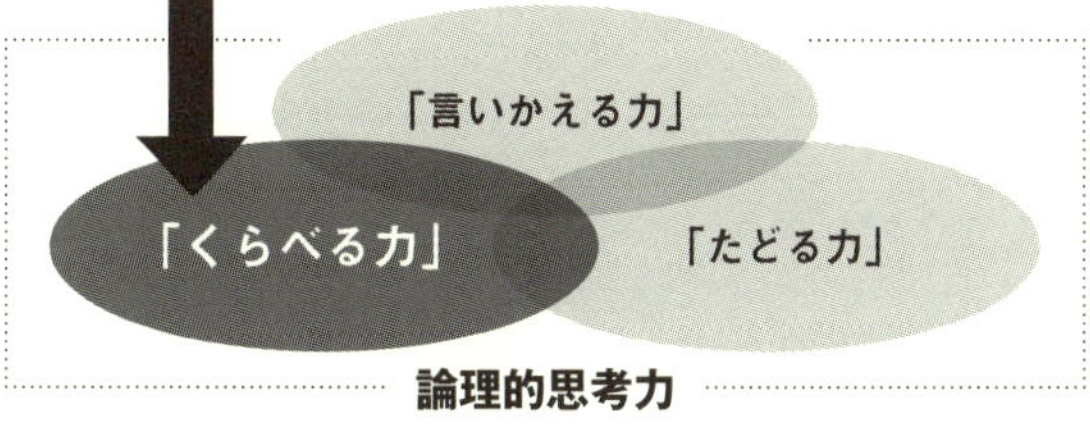

「絶対」という言葉の意味をご存じでしょうか?

それは、「対(つい)である」ことを「絶たれた」状態のことです。

それは、ほかの何かと対比されることのない状態です。

しかし、そのような絶対的真理というものは、世の中にほとんどありません。ということは、世の中の事象の多くは、「くらべる」ことによって成立していると言えるわけです。

わが子に「くらべる力」を育てていくことは、相対的価値にあふれたこの世界を理解し生き抜いていくために、不可欠な要素なのです。


この章に書かれたことを確実に実践すれば、あなたのお子さんにも必ず「くらべる力」がついていきます。私の教え子たちも、この方法でみるみる力を伸ばしているのです。

きっと、あなたもお子さんの変貌ぶりに驚かれることでしょう。


さて、残すはあと1つ、**「たどる力」**だけです。

論理的思考力、すなわち国語力の〝レンガ〟も、だんだんと高くなってきましたね。

ピラミッドの頂上は、もうすぐそこです。

第5章

これで国語は完全攻略！「たどる力」はこう身につけよう

1 「たどる力」とは因果関係力

◇「急行」と「各駅」、どちらがわかりやすいか？

さあ、いよいよ3つめのステップ**「たどる力」**です。

「たどる力」は、ほかの2つとくらべて、ややイメージしにくい呼び名かもしれません。

そこでさっそく、具体例から見ていきましょう。

> 1　この公園にはごみ箱があった。
> 　だから、ごみ箱を撤去した。

この文、かなり強引で納得できませんね。

「えっ、なんで？」と言いたくなります。

では、次の文ならどうでしょう？

2 この公園にはごみ箱があった。
そのため、カラスがごみを荒らし始め、公園が毎朝よごされるようになった。

だから、ごみ箱を撤去した。


ああ、そういうことか。——今度は、説得力が生まれました。

1は、いわば急行列車。2は、各駅停車です。

どうやら、各駅停車のほうがわかりやすいようです。

1は、「カラスが……」という肝心な理由を示した途中駅で停車しなかったため、強引な印象を受けました。

一方の2は、肝心な駅を**「たどって」**いるため、自然に納得できたわけです。

さて、この「肝心な駅をたどる」とは、どういうことなのでしょうか?

もう少し詳しく見ていきましょう。

◇「肝心な駅」に停車しているかどうかが決め手

1と2の文章の構造は、以下のようになっています。

1
ア　この公園にはごみ箱があった。
　　←だから
ウ　ごみ箱を撤去した。

2
ア　この公園にはごみ箱があった。
　　←そのため
イ　カラスがごみを荒らし始め、公園が毎朝よごされるようになった。
　　←だから
ウ　ごみ箱を撤去した。

1……ア　↓　だから　ウ
2……ア　そのため　イ　だから　ウ

「たどる力」は因果関係を明確にする力

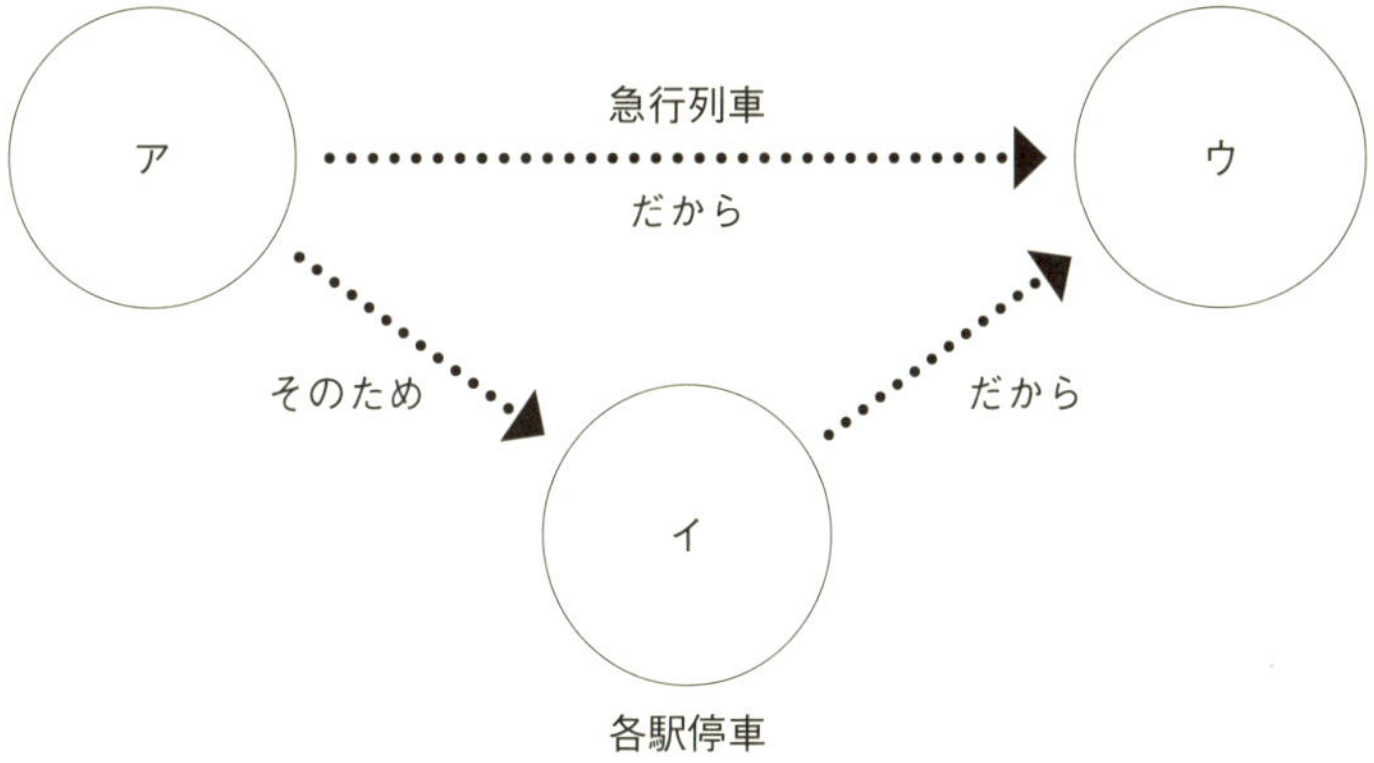

結論である「ウ」の前に注目して、1と2を比較します。

1は、「ア　だから　ウ」です。

「ごみ箱があった。だから、撤去した」

2は、「イ　だから　ウ」です。

「カラスがよごす。だから、撤去した」

どちらがよいでしょう？

2ですよね。

では、なぜ2がよいと思えるのでしょうか？

それは、2の「イ　だから　ウ」は因果関係が成立しているからです。

一方、1の「ア　だから　ウ」は因果関係

が成立していません。

正しい因果関係（原因と結果の関係）で書かれている文章——。

それが、正しく「たどって」いる文章です。

でも、慎重な方は、次のような疑問を感じたのではないでしょうか？

因果関係が「成立する・しない」の判断基準とは、いったい何なのか？——と。

もし、だれか10人をランダムに集めて、「『ごみ箱があった。だから、撤去した』という文に納得できるか？」と質問すれば、1人か2人は納得するかもしれません。

それなのに本当に「成立しない」と言いきれるのでしょうか？

このあたりを、次の節で、より詳しく確かめていきます。

2 「だから／なぜなら」が「たどる力」のカギとなる

◇10人中8人が納得するか？

ここで、少し違う例を見てみましょう。

> 青が好きです。だから、赤も好きです。

これは、私の塾で何人かの子が実際に書いた作文です。
あとでご紹介する「言葉をつなぐ短作文」の課題に取り組むなかでのことでした。
「青が好き。だから、水色も好き」であれば、多くの人が納得するでしょう。
しかし、「青が好き。だから、赤も好き」では、多くの人が疑問を抱くはずです。
大切なのは、この「多くの人」という部分です。
「多くの人」が「なるほど、順当だ」と思うかどうか？

これが、「因果関係」の判断基準なのです。より具体的に言えば、「だから」が成立するのは、「10人中8人ほどが納得できる場合」です。

「8人ほど」だなんて、「基準」と呼ぶにはあいまいですね。

でも、それが因果関係というものなのです。

「青が好きだから水色も好き」なら8人ほどが納得するでしょうが、「青が好きだから赤も好き」では1人か2人が納得すればよいほうでしょう。

要するに、より高い**「客観性」**があるかどうかによって、因果関係は決まるのです。

最初の例、「ごみ箱があった。だから、撤去した」も、たしかに1人や2人は納得するかもしれませんが、たったそれだけでは、客観性があるとは言えないわけです。

◇ミスを防ぐための第一歩――「逆にたどる」

では、その客観性はどのようにして確かめればよいのでしょうか？

「青が好き。だから、赤も好き」という文を書いた子は、なんとなくそれでよいような気がして、そう書きました。「おかしいかも？」と気づくことができなかったのです。

このようなミスを防ぐために、因果関係の客観性をチェックする方法が必要です。

方法は2つあります。

原因と結果を結ぶ「だから／なぜなら」

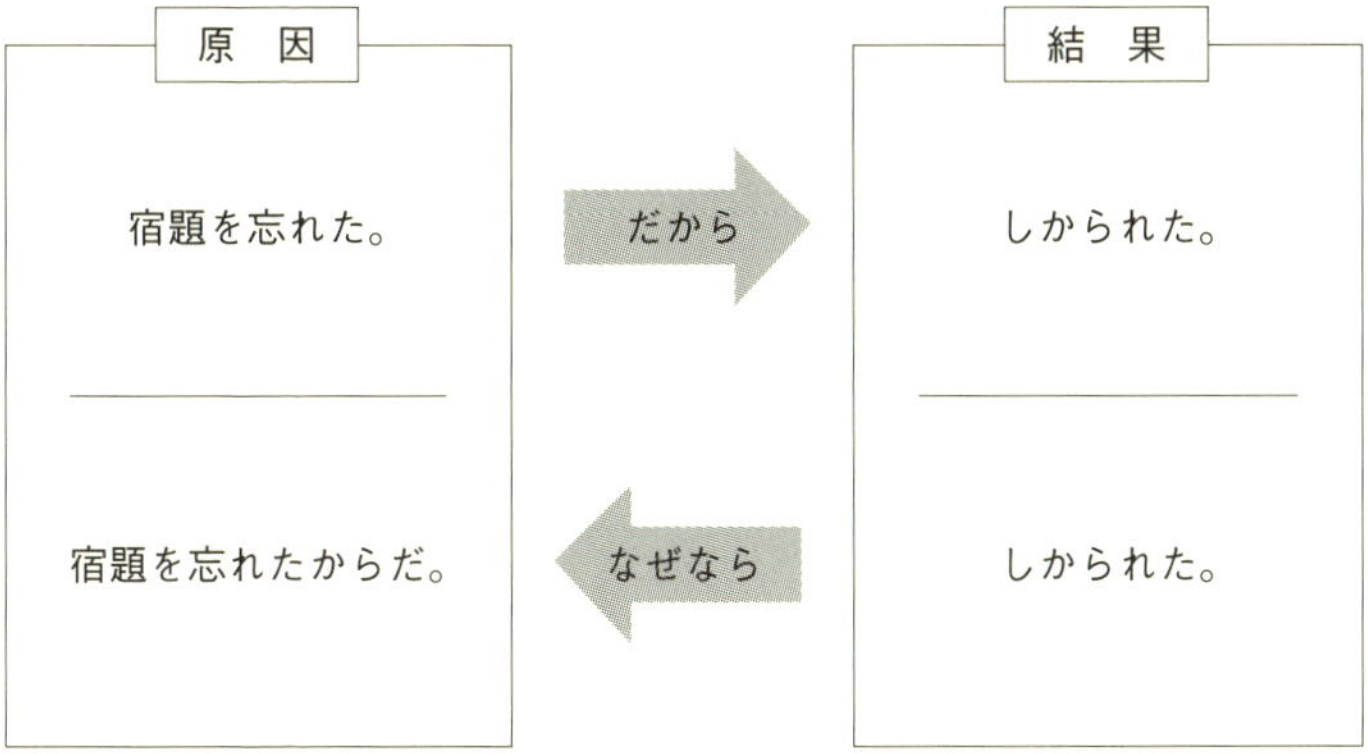

1つは、体験と知識を増やし、「多くの人」の考えをすぐ推察できるようにすること。

もう1つは、**「なぜなら」**に置きかえて**「逆にたどる」**チェックをすることです。

1つめは根源的ですが、実用的ではありません。ここでは、2つめを考えます。

上の図をご覧ください。

「だから」と「なぜなら」は、次のように変換することができます。

● 「原因」→「結果」のパターン

「宿題を忘れた。だから、しかられた」

● 「結果」→「原因」のパターン

「しかられた。なぜなら、宿題を忘れたからだ」

この仕組みを生かせばよいのです。単に原因と結果を入れかえて「逆にたどる」だけですが、たったこれだけで、客観性の高さ・低さに気づくチャンスが生まれます。

小さい子の場合、「なぜなら」を**「どうしてかというと」**などに置きかえてもよいでしょう。

「赤が好き。どうしてかというと、青が好きだから」

こう逆にしてみると、「あれ？　なんかヘンかも」と気がつくチャンスが出てきます。

「ごみ箱を撤去した。なぜなら、ごみ箱があったからだ」

これも、「あれ？」と感じますよね。

次の例は、とくにわかりやすいでしょう。

けんかした。だから、仲直りした。

これも、ある子が書いた作文です。一見、正しく思えるかもしれません。

でも、本当はおかしな因果関係です。「逆にたどる」ことで、おかしさがわかります。

仲直りした。なぜなら、けんかしたからだ。

仲直りした理由があるとすれば、「相手が謝ってくれたから」とか、「理解し合えたから」とか、そういうことでしょう。「けんかしたから」は、いかにもおかしいですね。

「だから」という言葉には、「なんとなく納得させられてしまう」ところがあります。

お母さんが子どもに、「ほら、だから言ったでしょ！」とお説教しているところを思い浮かべてください。

本当に因果関係が成立しているのか怪しいようなことでも、子どものほうは、なんだか納得させられてしまいますよね。

「だから」は、強引さを秘めているのです。

それに対して、「なぜなら」という言葉には、少し落ち着いて、冷静に考えさせる効果があります。この言葉に置きかえて「逆にたどって」みるだけで、客観性に目が向くようになるのです。

因果関係のおかしな作文をわが子が書いていたら、「逆にたどって」みるよう、声をかけることにしましょう。

◇「なぜなら」を使うときに気をつけたいこと

「なぜなら」に置きかえてみることの有効性はおわかりいただけたと思います。

ただし、1つだけ注意すべき点があります。

それは、実際に長い文章を書く際には、「なぜなら」をあまり使わないほうがよい、ということです。

「なぜなら」を使うと、とたんに文章が理屈っぽくなってしまうことが多いのです。

もちろん、小論文などのカタめの文章なら、ある程度理屈っぽくてもよいのですが、日記・手紙・感想文など、お子さんが書くことの多い日常的な作文のなかでは、多用しないほうがよいでしょう。

自然な文章にするためには、「なぜなら～から」ではなく、単に「～から」だけにすることをお勧めします。

「しかられた。なぜなら、宿題を忘れたからだ」

としなくても、

「しかられた。宿題を忘れたからだ」

とすればよい、ということです。

さあ、次はいよいよ練習課題です。

お子さんの「たどる力」を高めるべく、しっかりサポートしてあげてください（次の課題はあくまでも意識的練習ですから、「なぜなら」を用いています）。

3 「言葉をつなぐ短作文」で「たどる力」を鍛えよう

◇2つの言葉を〝つなぐ〟だけでOK

ここで、「たどる力」を鍛えるためのシンプルな練習問題をご紹介します。

決められた「2つの言葉」を使い、短い作文を書きます（使う順序は自由）。

ただし、次の4つの条件を守ります（条件が多いので、お子さんには例を示したほうが早いでしょう）。

①　2つの文で書く
②　1つの文には1つの言葉しか入れない
③　1つめの文と2つめの文を、「だから」でつなぐ
④　③でできた文を「なぜなら」で書きかえる

問題例……「雨」「かさ」
解答例……雨がふっていた。だから、かさをもって出かけた。
かさをもって出かけた。なぜなら、雨がふっていたからだ。

いたってシンプルですね。最初のうちは、「雨」と「かさ」のように、因果関係がすぐに浮かんでくるような問題を与えると、ラクに作文できます。

とはいえ、2つの単語を与えただけで、いきなり「文をつくりなさい」と言われても、どう書けばよいのか戸惑いを見せる子もいます。

そういうときは、「くらべる力」の章でも書いたように、**「前半を与えてあげる」**とよいでしょう。「雨がふっていた」の部分だけを、あなたがつくってあげるのです。

3 「晴れ」「遠足」
解答例……今日は晴れた。だから、遠足に行くことができた。
今日は遠足に行くことができた。なぜなら、晴れたからだ。

解答例の「なぜなら」の文では、「今日は」の位置が変わっていることにお気づきでしょうか？

「だから」の前後を単純に入れかえると、「遠足に行くことができた。なぜなら、今日は晴れたからだ」となりますが、これだと「今日は」の位置がちょっと不自然ですね。

このような場合は、臨機応変に言葉を入れかえさせます。

ちなみに、こういう細かい部分に自分自身で気づける子は、作文力が高い子です。

◇「教えるチャンス」「学ぶチャンス」を広げてくれる、この課題

次は、前節で例示した課題です。

「青が好きだ。だから、赤が好きだ」となにげなく書く子は、小学5年生くらいの子でもきっといるはずです。そのときは、「教えるチャンス！」と思ってください（叱るチャンスではありません、念のため）。そして、お子さんにとっては「学ぶチャンス」です。

4　「赤」「青」
解答例……信号が赤だった。だから、青になるまで待った。
信号が青になるまで待った。なぜなら、赤だったからだ。

「信号が赤だった。だから、青になるまで待った」という文は、じつは「だから」でつなぐ〝必要性〟がありません。

試しに「だから」をとってみましょう。

「信号が赤だった。青になるまで待った」

ほら、通じますね。

だれにでもすぐにわかる因果関係であるため、そもそも説明する必要がないわけです。

このような例では「だから」を使う必要もなく、使う価値もないのですが、かといって直させることもありません。

いまはあくまでも、因果関係を正しく「たどる」練習ですから、そこは気にしなくてよいでしょう。必要がない「だから」でも、「多くの人」が納得できる内容なら、それでよいのです。

とはいえ、「だから」の理想的な使い方の例も、1つだけあげておくことにします。

「海は青い。だから、赤い夕日がいっそう美しく見える」(小4女子)

詩人ですね。

この文では、「だから」を入れる価値があります。

5 「お母さん」「お父さん」
解答例……お母さんがイライラしている。だから、お父さんは困っている。
お父さんは困っている。なぜなら、お母さんがイライラしているからだ。

解答例を読めば、どうということのない課題に思えます。
しかし、この課題は意外に奥が深いのです。
以前、こう書いた子がいました。
「お母さんはやさしい。だから、お父さんもやさしい」
一読すると、なんだかよさそうにも思えます。
では、「逆にたどって」みましょう。
「お父さんはやさしい。なぜなら、お母さんがやさしいからだ」
あれ? なんだかちょっとおかしいですね。
お母さんがやさしくても、お父さんが厳しい家庭はいくらでもあります。
これでは、10人中せいぜい3～4人しか納得しません。
正しく「たどる」と、次のようになるでしょう。

「お母さんはやさしい。そのおかげで、家のなかがおだやかな感じになった。だから、お父さんもやさしくなってきた」

こんなふうに書かないと、因果関係が成立したとは言えません。

これでは「2つの文で書く」という条件を破ったことになりますが、修正の過程で必要であれば、それもかまわないでしょう。

◇あなたならではのオリジナル問題をつくってみよう

さて、以下はそのほかの問題と解答例です。

どうぞ活用してください。

6 「メモ」「忘れもの」

解答例……もちもののメモをとらなかった。だから、忘れものをした。
忘れものをした。なぜなら、もちもののメモをとらなかったからだ。

7 「計画」「時刻」

解答例……計画どおりに行動した。だから、終わりの時刻がぴったりだった。
終わりの時刻がぴったりだった。なぜなら、計画どおりに行動したからだ。

8 「自然」「安心」
解答例……この薬は自然の材料でできている。だから、安心だ。
この薬は安心だ。なぜなら、自然の材料でできているからだ。

このような基礎練習を積み、ときどき出くわす自分自身の「ミス・間違い」と向き合っていくなかで、お子さんの「たどる力」はグングン高まっていきます。

似たような問題は、あなたでも簡単につくることができます。

なにしろ、ちょっと関係のありそうな言葉を2つ選ぶだけでよいのです。

あなたのオリジナル問題を、ぜひお子さんに試してみてください。

なお、例題よりもハイレベルな問題をつくってみたいときは、言葉を**「抽象化」**していくとよいでしょう。

「行動」「理由」/「能力」「成果」/「利益」「目標」などといった抽象的な言葉を与えていくと、必然的にハイレベルな短作文を書くことになっていきます。

逆に具体化すれば、書きやすいレベルに下げることができるというわけです。

4 「たどる」「言いかえる」ためのとっておきの裏ワザ

◇「のである」は困ったときの救世主

ここまでのところでは、「たどる力」の仕組みと、「たどる力」を高めるための基礎練習の方法について述べてきました。

ここからは、**「読解問題」**の解き方を見ていきます。

読解問題には、「なぜですか、理由を答えなさい」という、定番の問いがあります。「なぜですか」というのは、筆者が書いた「結果・結論」から「原因・理由」を見つけなさい、という問題です。

つまり、「逆にたどりなさい」という問題なのです。

このような問題では、「だから／なぜなら」がその部分の前後に書いてあれば、たどり終えたも同然です。

「だから／なぜなら」の前後には、理由が書いてあることがはっきりしているからです。

しかし、「だから／なぜなら」が明記された文章は、残念ながら比較的少数です。

そこで、多くは文末の**「から」**に頼ることになります。

たとえば、次のような文章です。

9　次の傍線部の理由を答えなさい。
スポーツチームのメンバーは、たいてい、全員が同じユニフォームを着ている。ユニフォームをそろえることによって団結心が高まるからだ。


答えは、「ユニフォームをそろえることによって団結心が高まるから」です。

文末の「から」にマーク（鉛筆でマル）しながら読むことで、理由の多くをつかむことができます。

しかし、その「から」さえも書かれていない文章があります。

その場合、切り札ともいえる言葉があります。

それは、文末の**「のである」**です。

次をご覧ください。

10 「しかられた」理由は「宿題を忘れた」ことである、といえるほうを選びなさい。
A しかられた。宿題を忘れたのである。
B しかられた。宿題を忘れた。

答えはAですね。

口頭でもできる問題ですから、いますぐお子さんに試してみましょう。

Bでは、「しかられた」ことと「宿題を忘れた」こととの間に関係を見出せません。単に、2つの残念なできごとが並べられているだけ、という感じがします。

「のである」（「のだ」「のです」なども含む）には、それまでに書かれていたことがらの不足部分を補いながら、最終的なダメ押しをするような働きがあります。

そこには、**「結論の理由」**や**「結論そのもの」**が強調されて書かれています。

「だから／なぜなら／から」が見当たらない文章でも、「結論の理由」が示された「のである」の文があれば、隠された答えを一発で見つけることもできてしまうのです。

◇「つまり」がないときに結論を見抜く法

今度は、「結論そのもの」が強調されている例を見ることにしましょう。

この章は「たどる力」の章ですが、「のである」は「言いかえる力」にも役立つのだということを、ここでご紹介しておきます。

お子さんに、次の課題を与えてみてください。

11 「この話題はまだ完結せず、この先も続くかもしれない」と思えるほうを選びなさい。

大都会でしかできない自然体験の方法がある。

それは、高層ビルの展望台から大パノラマ夜景を眺めることだ。輝く地平線は、単なる街の一部ではない。地球の輪郭だ。

それは、地球という大自然と、その大自然のなかで生きている私たち人間の姿を客観視するために、最適の方法だ。(A)

最適の方法なのである。(B)

答えはAですね。
Bは、「ここで完結だろう」という印象を与えます。
ちなみに、「のである」には、こんな意味がこめられています。

「この話はここで終わりです。この文さえ読めば、私の言いたいことが丸ごとおわかりいただけるでしょう」

ということは、「のである」の文こそがカギとなる大切な文であり、抽象化された主張になっていることが多いということです。

「つまり」などの接続語が文頭にない場合は、文末の「のである」に注目するとよいでしょう。

そこには、「具体を〝言いかえた〟抽象の文」が隠されているのです。

このように、「のである」をマークしながら読めば、接続語がなくても「たどっ」たり「言いかえ」たりすることができます。

こんな便利な「裏ワザ」を、使わない手はありませんね。

ただし、1つだけ注意すべきことがあります。

それは、「のである／のだ／のです」の類がやたらとたくさん出てくる文章があるということです。

なかには、2文に1回ほどの割合でこれらの強調表現を多用している筆者もいます。

読みづらくてしかたありません。

しかし、そのような悪文がテストに出されることも、ないわけではありません。

その場合は、**「段落の最後」**にある「のである」だけに注目するようにし、あとはほぼ無視します。

通常、段落の最後は抽象度が高く、問題の答えに結びつくことが多いからです。

お子さんにこの点を伝えておくのを、忘れないようにしましょう。

なお、「そういうものである」などの場合の「ものである」は、「のである」とは無関係です。「もの」という名詞を、「も」と「の」に分けてはいけません。

でも、そのようにしてしまう子がときどきいますから、要注意です。

また、「である」だけでは役に立ちません。あくまでも、「のである」です。

5 これが、物語文を読み解くための最強ルールだ！

◇物語文にも「隠された論理」がある

このページを書いているちょうどいま、ある生徒の親からメールを受けました。

「息子は（他塾の）読解テストで返却された解答を見て、なぜこの解答がマルで、ぼくの解答がバツなのかわからないと言っています。私もうまく説明できません……」

こういった経験は、おそらく多くの親たちがもっていることでしょう。

説明文の読解問題ならまだしも、物語文となると、どうしてバツなのかと問われても、自信をもって説明してあげるのは難しいものです。

あるいは、複数の正解があってもよいような気がする、といったケースもしばしばかと思います。

では、なぜ物語文の読解は難しいのでしょうか？

それは、多くの物語文の展開、すなわち「たどり方」が、「急行」になっているからです。

この章の冒頭で説明したように、肝心な駅を通らない急行列車の文章は、通常はわかりづらいものです。

しかし、じつは物語という急行列車の運転士（作者）は、絶妙な言葉運びによって、肝心な駅に停車しなくても話の筋を論理的に「たどれる」ように仕組んでいるのです。

物語というものは、「味わい」を前面に押し出しながらも、その背後に「論理」を隠しもっています。

その見えない駅・見えない線路を「たどらせる」のが、物語文の読解問題であると言えます。

◇心情語に「言いかえ」ながら「たどる」

では、その具体例をご紹介しましょう。

12　次の文章を読み、あとの問いに答えなさい。

今日は児童館のクリスマス会。

会場は明るい雰囲気に包まれ、アヤコも楽しそうにすごしていた。

でも、プレゼント交換の時間になると、アヤコの表情がしだいにくもり始めた。

みんながプレゼントをテーブルの上に出したとき、アヤコだけは何も出さなかった。

アヤコは、ときどきみんなの様子を気にしながら、自分の手さげバッグのなかを手さぐりしたり、のぞき込んだりしている。

そんなアヤコに、となりの席のミキが心配そうに声をかけた。

「アヤコ、プレゼントは？」

「おかしいな……」

「もしかして、忘れちゃったの？」

アヤコはそれには答えなかった。荷物のなかをさぐっていた手を止めてうつむき、しばらく黙ったかと思うと、声をおさえて泣き始めた。小さな肩が、しずかにゆれていた。


(問)　アヤコが泣き出してしまったのは、なぜですか？

多くの子は、次のように答えます。

プレゼントをもってくるのを忘れてしまったから。

これでは、マルはもらえません。
いま、「えっ？」と思った方。
そうです、これでは正解とは言えないのです。
それどころか、0点になってしまうかもしれません。
いったいなぜなのか？
それは、正しくたどっていないからです。
この答えの因果関係を、たどってみましょう。
「プレゼントをもってくるのを忘れた。だから、泣いた」
これ、本当でしょうか？
単に忘れただけで、泣くのでしょうか？
10人中、何人が泣きますか？
10人全員が気の弱い子でも、それだけが原因で泣くのは、3〜4人程度です。

泣いてしまった本当の理由は、もっと別のところにあるのです。

では、これでどうでしょうか？

ア　みんなのなかで自分1人だけが、プレゼントをもってくるのを忘れてしまったから。

「みんながプレゼントをテーブルの上に出したとき、アヤコだけは、何も出さなかった」「アヤコは、ときどきみんなの様子を気にしながら……」という部分を見逃さずに読んでいれば、このくらいの文が書けます。

小学2年生までは、これで正解としてもよいでしょう。

ただし、小学3年生以上、とくに受験生は、この先を求められます。


それはズバリ、「心情語」です。

「気持ちを表す言葉」です。


これこそが、物語文という急行列車の路線上にある「目に見えない肝心な駅」であり、巧妙に隠された「論理」です。

イ　さびしさを感じたから。／孤立感を覚え、心細くなったから。

これが、理由の核心部分です。

「さびしくなった。だから、泣いた」

「孤立感を覚え、心細くなった。だから、泣いた」

これなら、因果関係成立と言えます。

なお、小学3〜4年生なら「さびしさ」で十分ですが、小学5年生以上なら「孤立感」や「心細さ」といった程度の言葉が出てこなければなりません。

ここでは、「みんなのなかで自分1人だけ」という状況を抽象化・名詞化して「孤立」という言葉に「言いかえる力」が、同時に試されています（名詞化は105ページ参照）。

ただし、これらの「心情語」だけでは、解答としては不十分です。

アとイを合体させなければなりません。

すると、次のような解答ができあがります。

模範解答……みんなのなかで自分1人だけがプレゼントをもってくるのを忘れてしまったということに孤立感を覚え、心細くなったから。

「ここまで書けなければダメなの⁉」

と目を丸くしているあなた。

そうなのです。

あの文章だけを頼りにここまで書けなければ、満点はとれないのです。

もちろん、「60字以内で書きなさい」などの文字数指定があれば、さすがに、「プレゼントをもってくるのを忘れてしまったから」というような短い答えで終わらせることはないでしょう。

しかし、たとえ60字以内と言われても、あらすじのようなことを書き連ねるだけで肝心な「理由そのもの」である「心情語」を書かなければ、決して点数には結びつきません。

それが、物語文の読解テストというものです。

難関私立中学などの受験問題では、まさに今回の問題と同様、文字数を指定せずに自由に答えを書かせるケースが多々見られます。

しかし、自由だからと言って、「プレゼントを忘れたから」という単純な答えが許容されるわけではありません。

「模範解答」のようなレベルで書くことが、暗黙の前提となっているのです。

でも、恐れることはありません。

そこで求められている国語力は、ここまで見てきたように、あくまでも**「論理的思考力」**です。

「物語」だからといって、それを味わう「感覚・センス」が問われているのではありません。

これはある意味、安心材料ではありませんか？

「論理的思考力」は、感覚・センスとは違い、トレーニングすれば高めていくことができるものなのです。

もちろん、物語文を「味わう」ことが目的なら、センスを高めることも必要でしょう。

しかし、物語文の読解とは、あくまでも、「バラバラに思えるストーリー展開を、筋道をたどりながら整理していくこと」が目的です。

そうである以上、「論理的思考力（バラバラなものを整理する力）」さえトレーニングすれば、目的を十分に果たすことができるのです。

6 たった1つの問いかけで、物語文もラクにクリアできる！

◇「心情語」の語彙力はこう高めよう

さて、いまの問題の「たどる」仕組みをより明確にするために、図式化してみます。
お子さんにも、まずは次の図をノートに書き写してみるように伝えてください。

ア　自分1人だけが忘れてしまった……【事実】（できごと）←文章中に書いてある
　　なぜなら→←だから
イ　孤立感を覚え、心細くなった……【心情】（気持ち）←ここが求められる！
　　なぜなら→←だから
ウ　泣き出してしまった……………【言動】（セリフ・行動）←文章中に書いてある

簡略化すると、ア↓イ↓ウ　となります（各駅停車のたどり方）。

ア　↓　↓　ウ　では、ダメです（急行列車のたどり方）。

物語の文章中に書かれているのは通常、ア「事実」とウ「言動」だけです。イ「心情」がはっきりと書かれていることは、ほぼありません（もしあっても、そこは「問い」としては簡単になってしまうため、扱われません）。

したがって、問題を解く際には、書かれているア「事実」とウ「言動」をもとにして、書かれていないイ「心情」を自力で導き出す必要があります。

要するに、ウからイへと「逆にたどる」のです。

具体的には、次のような「自問自答」の習慣をつけさせることが有効です。

「泣いたときの気持ちは？　ひとことで言うと？　――それは、心細さだよ」

ポイントは、**「ひとことで言うと」**です。

最重要の理由である「心情」を、とにかく「ひとことで」表現してみるのです。

このとき必然的に問われるのは、次のような「心情語」をどれだけ頭の引き出しに入れているか、ということです。

安心　希望　信頼　積極的な気持ち　落ち着き　満足　優越感　好感　……
不安　失望　疑い　消極的な気持ち　あせり　不満　劣等感　嫌悪感……

引き出しを増やすためには、物語が書かれた本や教科書のページをお子さんと一緒にめくりながら、「心情語」をノートに列挙していくとよいでしょう。

具体的には、

「このときのこの人物の気持ちをひとことで言うと？」

という問題をあなたが出し、お子さんがそれに答えて、書き出していきます。

数十ページをめくり終えるころには、相当な数が出てくるはずです。

その際は、右の囲みのように、プラスの心情とマイナスの心情に分けて整理していくことが大切です。

人間の心情というのは、たいてい、マイナスからプラス、プラスからマイナスへと、いつも揺れ動いています。

その双方をつかむことが、欠かせないのです。

なお、机上にノートや本をかまえなくても、日常的に練習することもできます。

「いまの気持ちをひとことで言うと？　ゲーム」です。

物語文の登場人物ではなく、わが子自身の心情を日々、言語化させるのです。

何かが思いどおりにうまくいっている状態なら、安心・落ち着き・喜び・満足……。

電話やメールなど、だれかからの連絡を待っている状態なら、不安・心配・いらだち・期待・疑念……。

だれかに迷惑をかけたあとなら、後悔・反省・罪悪感……。

意外なことが起きたときは、驚き・呆然……。

いくらでもありますね。

さあ、いますぐお子さんにたずねてみましょう。

「いまの気持ちをひとことで言うと？」と。

◇親子でやれば効果は無限大

物語文においては「心情」をたどることが重要だということについてはおわかりいただ

けたでしょうか?

先の「ア↓イ↓ウ」の「たどり方」を身につけるためには、次の練習が不可欠です。

13は「ウ↓イ」、つまり「言動(とくにセリフ)↓心情」の順で「逆にたどる」練習です。

14は「ア↓イ」、つまり「事実↓心情」の順で「たどる」練習です。

13 次の各文の(　　)に心情語(心情表現)を入れなさい。

①「このおじさん、いい人だなあ」と言ったのは、(　　)を覚えたから。

②「ぼくのほうが経験が上だな」と言ったのは、(　　)を覚えたから。

③「あんなことしなければよかった」と言ったのは、(　　)の気持ちがわいたから。

解答例……① 親近感 ② 優越感 ③ 後悔

14 次の各文の(　　)に心情語(心情表現)を入れなさい。

例題……待ち合わせの時間に遅れて、迷惑をかけてしまったこと(　　)。

答え……~に対する罪悪感/~に対して申し訳なく思う気持ち/~を反省する気持ち

①　自分がとりつけた花かざりをお客さんがほめてくれたこと（　　　）。
②　好きな人の前で大失敗をしてしまったこと（　　　）。
③　友達とケンカをし、仲直りできずにいる自分（　　　）。
解答例……①　〜に対する誇らしさ／〜を自慢したいような気持ち
②　〜に対する恥ずかしさ／〜を悔しく思う気持ち
③　〜に対する情けなさ／〜をもどかしく思う気持ち

このような練習なら、あなたが前半を考え、お子さんに後半を考えさせるといった手順で、いくらでも実践できますね。

文全体をノートに書くほうがもちろん効果的ですが、練習量を重視するなら、口頭でテンポよく行うのもよいでしょう。

いずれにせよ、さっそく実践していただければと思います。

◇さあ、準備はすべて整った！

ここで、第5章をおさらいしておきます。

213ページの図をご覧ください。

まず、「ごみ箱があった。だから、ごみ箱を撤去した」などの具体例を通して、正しい因果関係とはどんなものなのかをしっかり教えます。

次に、「だから」と「なぜなら」の関係についても、具体例を通して理解させます。

そして、実際に「たどる力」を体得するために、「ことばをつなぐ短作文」の練習へと進めていきましょう。

この短作文の練習では、たくさんのミスが生じるかもしれませんが、そのミスを修正していく過程が、とりもなおさず体得の過程となります。

さらに、読解問題における「たどり方」についても教えていきます。

説明文では、「のである」という裏ワザが「たどる」ために役立つことを伝えます。

また、物語文では、文章中には書かれていないような「心情語」を見出して「たどる」ことが求められていることを教え、「いまの気持ちをひとことで言うと？　ゲーム」などによってその語彙を増やしていく練習をします。

ここまでくれば、「たどる力」もバッチリです。

さあ、これでついに、「3つの力」それぞれの具体的な練習が終わりました。

お子さんの論理的思考力は、いまここで、盤石の基礎を得たと言えるでしょう。

「たどる力」を身につけるための6ステップ

ステップ1 (174ページ)	**◆因果関係の理解……各駅停車でたどることの大切さを理解** ・「ごみ箱があった。だから、ごみ箱を撤去した」は急行列車
ステップ2 (179ページ)	**◆「だから/なぜなら」の仕組みの理解** ・AだからB……宿題を忘れた。だから、しかられた。 ・BなぜならA…しかられた。なぜなら、宿題を忘れたからだ。
ステップ3 (185ページ)	**◆「言葉をつなぐ短作文」の練習** ・「雨」「かさ」 雨がふっていた。だから、かさをもって出かけた。 かさをもって出かけた。なぜなら、雨がふっていたからだ。
ステップ4 (192ページ)	**◆「のである」が「理由」を示すケースの理解** 1……しかられた。宿題を忘れた。 2……しかられた。宿題を忘れたのである。 ・2には因果関係が読みとれることをつかむ。
ステップ5 (198ページ)	**◆物語文の読解問題での「たどり方」の理解** 自分だけ忘れた → 心細くなった → 泣いた ……○ 自分だけ忘れた → → 泣いた ……×
ステップ6 (206ページ)	**◆心情語を増やす練習、心情語を使った答え方の練習** ・「いまの気持ちをひとことで言うと? ゲーム」 ・「迷惑をかけてしまったこと」に対する「罪悪感」

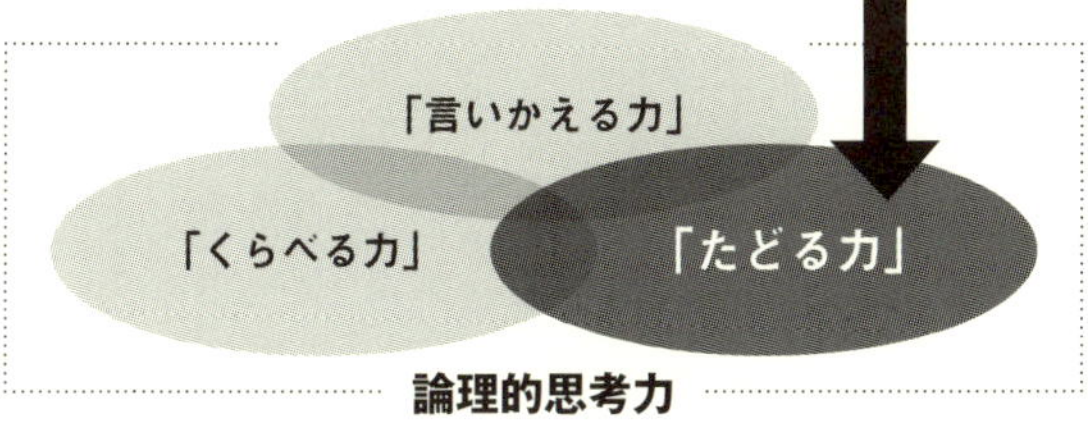

わが子のなかの「とうふ」（センスの国語）は、見事に「レンガ」（論理の国語）に生まれ変わりました。

ゆるぎない、「本当の国語力」——。

ついに、そこにたどりついたのです。

さて、終章では、お子さんの国語力、ひいては学力を高めていくために、あなたにとって大切な**「心がまえ」**をお話します。

この本に書かれたさまざまな方法を生かすも殺すも、じつはこの「心がまえ」しだいであるといっても過言ではありません。

どうぞ、最後までしっかりお読みいただければと思います。

終章

親の心がまえ・接し方で、子どもの未来は大きく変わる

1● わが子の力を伸ばすうえで大切なこと①
まず「部分」、次に「全体」

◇あなたも、こんなひとことを言っていませんか？

ここまでは、国語力を伸ばす具体的な方法について、詳細に述べてきました。
ここからは、あなたがお子さんに接するにあたって、ぜひ守っていただきたい３つの**「優先順位」**についてお話しします。
この本のなかに、いかに優れた教え方が書かれていたとしても、それを実践するのは、あくまでもあなたご自身です。

すべては、あなたにかかっているのです。

また、ここでお話するのは、単に勉強を教えるときだけではなく、わが子への接し方としてどんな場面でも生かすことのできる考え方です。

しっかり役立てていただきたいと思います。

さて、私の塾では、入塾のための体験授業の際、お子さんのテストなど、学力状況をつかむための参考になるものを持参していただいています。

それを私に見せるとき、多くのお父さんお母さんは、決まって次のように話します。

「先生、見てください。こんな点数なんですよ……」

学校のテストもあれば、大手塾の模試もあります。

点数は、たしかに好ましくないものばかり。

そして、たいていの方は、1枚ではなく何枚ものテストをおもちになっており、次のように続けます。

「ほら、こっちは9月のテストで52点。こっちは45点。これなんて、40点ですよ」

ここで、私はいつも嘆かわしい気持ちになります。

テストの点数そのものに対してではありません。

お父さんお母さんの言葉に対してです。

◇ここにとらわれているかぎり問題は解決しない

なぜ、総合点ばかりを気にするのでしょう?

もちろん、総合点で話すほうが、全体像が伝わりやすいからでしょう。

それはわかります。しかし、私は、

「総合点という『全体』よりも大切なことがあるのではないか？」

と思うのです。

それは、「何ができて、何ができなかったのか？」ということ、つまり**「部分」**です。

なかには、そのあたりに触れながら話をするお父さんお母さんもいます。

Ａ「うちの子は、漢字では点数をとれているんですが、読解になると、てんでダメで……」
Ｂ「うちの子は、記述よりも、むしろ選択肢の問題でよくミスするみたいなんです」
Ｃ「うちの子は、主語・述語がかみ合わないような文を書くことが多いんですよ」
Ｄ「うちの子は、たとえば４つある選択肢をしぼり込むときに、〝あと２つ〟のところまでは正しくしぼり込めるんですが、最後の１つで、選び間違えてしまうんですよ」

Ａの方は、解答用紙をひととおり眺めているようです。解答用紙を眺めることもせず総合点だけに目を落としている方は大勢いますから、それなりに冷静な見方ができていると言えます。

Bの方は、Aの方以上に、丁寧に解答用紙を見ています。より冷静にとらえることができています。

Cの方は、単に漠然と解答用紙を見るだけではなく、わが子の書いた記述解答を、しっかり読んでいるようです。すばらしいことです。

Dの方は、さらに立派です。解答用紙からは読みとれないような情報をつかみとっているからです。

わが子が問題に向かいながらどのように考えを進めているのかを、よく知っています。このような言葉を聞くだけで、私は、「ああ、この方は、お子さんとのコミュニケーションが豊富なんだな」とわかります。

A～Dのようなお父さんお母さんも、もちろん総合点という「全体」を気にしていますが、それよりはむしろ、具体的な解決の直接的なきっかけとなる「部分」に目が向いています。

このような方こそ、この本に書かれた「3つの力」を最大限に役立てることができる方であると言えます。

なぜなら、そういう方は、「3つの力」のなかのどれがどの程度身につき、どれがどの程度身についていないのかについて、わが子の現状を的確に評価する目をおもちであると言えるからです。

◇子どもの学力がグンと伸びる瞬間

いま、お子さんのテストのことを思い出してみてください。

全体的な点数の傾向だけが思い浮かび、部分的な解答の傾向などはほとんど浮かばない、という方は、要注意です。

これからは、まず**「部分」**に注目しましょう。

解答用紙を、あるいは、お子さんが書いた文章を、より丁寧に見てあげましょう。

最もよいのは、あなたご自身が問題を解いてみることです。文章を書いてみることです。

お子さんが挑んでいる敵に、あなたご自身も挑んでみるのです。

そうすれば、どの「部分」が簡単で、どの「部分」がミスしやすくて、どの「部分」が難しいのかが、よくわかるはずです。

「全体」の点数をとやかく言うなら、この程度の挑戦をする覚悟をもってもよいのではないでしょうか？

とにかく、まず「部分」、次に「全体」です。

大切なのは、この優先順位です。

「全体を見てはいけない」と言っているのではありません。

「まずは部分の成長度合いを見よう。そのあとで初めて、全体の成長度合いを見よう」と言っているのです。

それが、子どもの努力に対する正当な評価の方法だと私は思います。

そのような姿勢でお子さんと向き合っていくうちに、次のような言葉がふと出てくるようになるかもしれません。

Ｅ「うちの子は、『言いかえる力』と『くらべる力』はけっこう身についたようだけれど、『たどる力』がまだまだ弱い気がするなあ」

テストの答案や作文を見ながら、あるいは親子の会話のあとなどに、こんなふうに言えるようになれば、あなたはこの本をすでに血肉としているといって間違いありません。

「Ａ～Ｄ」を超越した「Ｅ」の領域を、ぜひ目指してみてください。

2

わが子の力を伸ばすうえで大切なこと②

まず「プラス」、次に「マイナス」

◇何はなくとも「マル」に目を向けよう

前節では、「部分」を見ることの大切さをお話しました。
ただ、ひとくちに「部分」を見ると言っても、2とおりの見方があります。

1つは、できていない部分、つまり「マイナス」を見ること。
もう1つは、できている部分、つまり「プラス」を見ること。

これらは、どちらも大切です。
「マイナス」を見れば、弱点がわかります。
弱点を発見し、改善していくことは、とても大切なことです。
一方、「プラス」を見れば、強みがわかります。

子どもにしてみれば、「自分はこういう部分が得意なんだ」と自信がつきます。
どちらも、力を伸ばしていくための条件となります。
しかし、より強固な力を身につけるためには、ここにも優先順位が必要です。

それは、まず「プラス」、次に「マイナス」という順序です。

少し日常を振り返ってみましょう。
わが子がテストをもち帰ってきました。
あなたは、何と言いますか？

①「またぁ……。こんな簡単な問題でバツもらってる！」
②「へえー。この問題、難しそうだけど、よくマルをとれたね」

あなたの言葉は、①と②のどちらに近いですか？
①は、真っ先に「バツ」に目を向けてしまうタイプです。
0点でないかぎり、答案には必ず「マル」がついているはずなのですが、それにはなぜ

か目を向けないのです。おそらく1つも……。

しかし、それではお子さんが浮かばれません。

どんなに「バツ」が多くても、まずは「マル」に目を向けましょう。

たとえそれが、できて当然の簡単な問題でも、できたのだということを認めてあげましょう。
②のように、「難しそうなのにマルだった問題」が見つからなくても、たとえばこんなふうに言うだけでよいのです。

「1番と6番と10番は、マルをもらえたんだね」


たったこれだけ。

別に、「がんばったね」とか「えらいね」とか言わなくてもかまいません（言うに越したことはありませんが）。

「マル」を見てるよ、見たよ、という事実を知らせるだけで、子どもは安心するのです。

たとえそのあとに、「バツ」に対する長いお説教が待っていようとも、その一言がクッションとなり、子どもは話を聞く耳をもつようになります。

◇「ほめる」が生み出す思わぬ効果

「理屈はわかった。でも、それを実行するとなると、なかなかできそうもない」

ここまでのところを読んで、こうお思いになった方もいらっしゃるかもしれませんね。

そんな方のために、シンプルで役に立つ方法をご紹介することにしましょう。

お子さんからテストを受け取ったら、解答用紙を閉じてまず深呼吸します。

そして、心のなかでつぶやきます。

「まずマルを見よう。まずプラスを探そう」

そのあと、そっと解答用紙を開きます。

そういう前向きな視点で解答用紙を眺めることさえできれば、②のような言葉も自然と生まれてきます。

「へぇー、これ、よくできたね！　これ、もしかすると難しい問題なんじゃないの？」

「前にもって帰ってきたテストだと、こういう問題で必ずミスしてたのに、今回は、意外とマルが多いね」

こういう一言を、「まず」伝えることです。

もちろん、私は「お説教をするな」と言っているのではありません。

親ですから、あれこれ言いたくなるのは当然です。

前節で書いたA〜Dの方は、いずれもマイナス面について話していますが、それ自体は、やむを得ないことです。

しかし、そういったマイナス面についてのお説教を始める「前」に、まずはひとこと、マルについての前向きなコメントを投げかけてあげてほしいのです。

それが、子どもの心をほぐします。

もしかすると、親の心も、ほぐれるかもしれません。

「ほめる」という行為は、ほめられた子どもだけではなく、ほめている当事者の心をも、さわやかにしてくれるものなのですから……。


まず「プラス」、次に「マイナス」――。

この優先順位を、守りましょう。

3 わが子の力を伸ばすうえで大切なこと③
まず「与える」、次に「待つ」

◇子どもにかかわる大人にとっての永遠のテーマ

子どもが、その気になるのを待つ。

子どもが、自分から動き出すのを待つ。


「待つ」ということは、とても大切です。


これが子どもを育てる際の大原則であるということを、私は13年前に学びました。

私にそれを教えてくれたのは、ボロボロになるまで読んだ『灰谷健次郎の保育園日記』（新潮社刊）という本です。

故・灰谷氏は、その本のなかで、大人が子どもに何かを押しつけることを否定し、子どもがそれに興味をもつまで、じっとじっと「待つ」ことが大事である、と訴えています。

「指導」なんてもってのほかで、子どもの個性に寄り添い「支援」することに徹すべし、という思想が、そこにはありました。

私は当時、学童保育で働いていましたから、保育に当たる者の原則として、その考えに深く共鳴し、それを日々心に言い聞かせながら行動していました。

いまでも、その心がまえは決して失われていません。

しかし一方、小学校教師という職に就いてから、私の行動に変化が生じたのも事実です。子どもがその気になるのを「待つ」という消極的なかかわり方ではなく、むしろ子どもに積極的に働きかけることによってこそ、子どものなかにある可能性を引き出し、その能力を高めていくことができるのだ、ということに気づいたのです。

体育でのマット運動の方法や跳び箱の方法、算数での計算方法や円の面積を出す方法、理科で観察をするときの方法、そして、読み書きの方法。

そういった方法を教師から「与え」られて初めて、子どもはそれを使うことができる。それを使うことで初めて、個性的な新しい発見や成果を手に入れることができる。

このような考えもまた、私のなかに深く生きています。

つまり、私のなかには、相反するように思える2つの思想が、同居しているのです。

1つは、保育の精神。「待つ」という、消極教育の思想。
1つは、教育の精神。「与える」という、積極教育の思想。

これらは、子どもにかかわるすべての大人にとって、おそらく永遠のテーマであると思われます。

保育士、教師、そして親。だれもが悩みます。

あなたにもきっと、「待つ」べきか「与える」べきかについて、悩んだ経験がおありのことでしょう。

永遠のテーマは永遠のテーマとして放っておくのが、本来は一番よいのかもしれません。

しかし、私はここで、あえて1つの答えを出しておきたいと思います。

それは、まず「与える」、次に「待つ」という、優先順位です。

先ほど、「私のなかには相反するように思える2つの思想が同居している」と書きました。

「待つ」と「与える」。

しかし、両者はじつは相反しておらず、仲よく同居しています。

ただ、優先順位がつけられているだけのことです。

私はまず、「与え」ます。

型・方法を与えます。

国語の場合、それは「読み書き」の方法、つまり、「3つの力」です。

これによって初めて、子どもは自分の足でスタートラインに立ち、歩き始めることができます。

次に、「待ち」ます。

子どもが、自分の足で目的地にゴールするのを待ちます。

国語の場合、「読み書き」が完成し、その目的が果たされるのを待つわけです。

目的とは、たとえば、自分の気持ちをだれかに文章でしっかり伝えることであり、たとえば、だれかが書いた文章を最後まで読み解くことであり、たとえば、受験で求められた読み書きをこなして合格することでもあります。

順番が逆ではいけません。

目的を果たすための方法をもたない子どもは、いくら待っていても、ゴールにたどりつくことはありません。

まず水を「与えて」から、芽が出るのを「待つ」のです。

水も与えずに待っていたせいで干からびてしまった土を見て、あわてて水を与えても、そこから新しい芽は出てきません。

◇これが、「学力低下」の最大の元凶だ！

なぜ、この順位が私のなかに根づいたのか？

その1つのきっかけをお話しましょう。

それは、ある先輩教師（A先生）の算数の授業を参観したときのことでした。

三角形の面積を求める公式を教える（はずの）授業。

「いまから配る画用紙を自由に切って、三角形の面積の求め方を考えてみましょう」

え？　自由に？　教科書に書いてある3種類の方法どおりに切らせればいいのに。

「さあ、教科書を机のなかにしまいましょう。教科書を見てはいけませんよ」

え？　なぜ、教科書を見てはいけないの？　切り方がわからなくなるのでは？

――案の定、その後の教室は「図工室状態」になりました。

紙を細く切る子、8等分する子、曲線に切る子……。

それでも、A先生は何も言いません。

あたりは紙くずだらけ。

その「図工の授業」では、終盤に子どもたちが発表をしました。

「8等分したりしてみたんですけど……。面積の出し方は……よくわかりませんでした」

当たり前ですね。その授業では、終了2分前に初めて教科書を開き、「底辺×高さ÷2」という公式を音読するだけで終わってしまいました。

子ども自らが「公式」の仕組みに気づくのを「待つ」というこの授業は、失敗に終わりました。

最初から教科書を「与え」、そこに書かれた方法どおりに進めて、正しい「公式」の仕組みを確認し、早く次のページの練習問題——公式を活用する練習——に入ればよかったのです。そのほうが圧倒的に学力は向上します。

大昔に数学者が長時間かけてようやく発見したような「公式」を、45分の授業中に小学生に自ら発見させよう、発見できるまで「待とう」、という授業。

活用や練習を軽視し、原理や公式を自主的に発見させることを重視するようなこの形態を「問題解決型」の授業と言い、日本中の多くの学校で横行しています。

これは、昨今の学力低下の最たる要因となっています。

◇いまこそ大切にしたい原理・公式

原理や公式は、「発見」するためにあるのでしょうか？

それとも、「利用」するためにあるのでしょうか？

テレビもパソコンも自動車も、利用するためにありますよね。

「原理を発見してからでなければ使えない」と言われたら、文句を言いたくなります。

それと同じで、算数の原理や公式も、利用するためにあります。

そしてまた、この本でご紹介してきた国語の公式、すなわち「3つの力」も、利用するためにこそ、あるのです。

子ども自身が自力で発見することなど、できません。

できたとしても、それだけのために膨大な時間がすぎてしまいます。

原理・公式・型・方法――。

これらは、先人が発見した価値ある遺産です。

子どもたちに、積極的に「与えて」いきましょう。

そうでなければ、先人が費やした時間が、無駄になります。

先人と同じことを体験しても、何の意味もありません。

未来を生きる子どもたちは、次の新たなる発見のためにこそ、その「もち時間」を使うべきです。

文学、心理学、教育学、社会学、医学、工学、自然科学、スポーツ科学。

どんな分野でも、同じです。

先人から受け継いだ型を身につけ、それを自由に使いこなすことで初めて、新しい個性的な発見を勝ちとることができるのです。

◇「型」が子どもの可能性を無限に開く

型は、個性をつぶしません。

むしろ、型は個性を伸ばします。

文章を読み書きするための型である「3つの力」も、お子さんの個性を伸ばします。

バラバラの無秩序状態にあったお子さんの個性的な考えは、「言いかえる力」「くらべる力」「たどる力」という3つの型・技法を利用して文章化することで初めて、他者にも理解できる文章としての輪郭をもつことができます。

型がなければ、お子さんの個性的な思いや考えに共鳴してくれる人は、現れません。

型があるから、お子さんの個性に共鳴してくれる人が現れるのです。

共鳴・共感・理解のために不可欠なのが、型です。

他者が書いた文章に共鳴し、それを理解するためにも、型が不可欠です。

型がなければ、お子さんは、他者の個性に共鳴することはできません。

型があるから、お子さんは、他者の個性に共鳴し、他者を理解することができます。


この本に書かれた「3つの力」をお子さんに伝えていくにあたり、あなたのなかには、まだかすかな迷いが残っていたかもしれません。

「型」だなんて、冷たい感じがする。いいのかなあ、と。

しかし、もう迷う必要はありません。

ぜひ、自信をもって、堂々と、この「3つの力」をお子さんに「与えて」ください。

お子さんが「3つの力」をひととおり身につけたら、あとは、芽が出るのを「待って」いればよいのです。

あなたのお子さんなら、いつか必ず、大きな花を咲かせることでしょう。

おわりに

「国語力＝論理的思考力」を高める真の目的とは何か？

最後までお読みいただき、ありがとうございました。

「本当の国語力」という言葉に対して、あなたは最初、半信半疑だったかもしれません。

しかし、いまではきっと、確信に満ちたさわやかな読後感を覚えていることでしょう。

もしかすると、あなたご自身が国語をもう一度学び直したいような気持ちにさえ、なっているのではないでしょうか？

「こんなにシンプルで奥深い方法があったのなら、私自身が子どものころに学びたかった」そんな悔しさを、数十年後、お子さんが同じように味わう結果になってしまわないよう、いま、行動を起こしましょう。

行動を起こすのは、ほかならぬあなたです。

ところで、その行動の目的とは、いったい何でしょうか？

そもそも、何のために国語力を高めるのでしょうか？

いま目の前に待ちかまえている、テストや入試でしょうか?

たしかに、それらも大切な目的です。

しかしそれらは、お子さんの「人生」という長い目で見れば、単なる通過点です。

そこを越えたあとには、長い長い社会生活が待っています。

そんな未来の生活を支える土台をつくることこそが、国語力を高める真の目的なのです。

この本に書かれていることを実践した結果としてお子さんが獲得した論理的思考力は、お子さんの未来を、力強く支えてくれるはずです。


「自分自身の未来を、自分自身の力で立派に開拓していってほしい」


どの親でも、わが子にそう願います。

この本は、あなたのそんな願いをかなえるための、第一歩となることでしょう。


末筆ながら、この本を世に出すにあたり私に力を与えてくださったみなさんに、お礼を申し上げます。

まずだれよりも、子どもたち。私が子どもたちから学んだことは、数知れません。

教えることは、学ぶことです。
もちろん、その保護者のみなさんにもさまざまに支えていただきました。
また、いつも私のメールマガジンをお読みいただいている読者のみなさん。
私が小学校教師時代に所属していた研究団体の諸先生方。
私自身の論理的思考が乱れたときにアドバイスしてくれた、親友のSさん。
私に執筆の機会を与えてくださった、大和出版の竹下聡さん。
みなさん、本当に、ありがとうございました。
そして、読者であるあなたにも、心から感謝申し上げます。
今後も、さらに価値ある情報を、次々と発信してまいります。
どうぞご期待ください。

ふくしま国語塾　主宰
福嶋隆史

偏差値20アップは当たり前！
「本当《ほんとう》の国語力《こくごりょく》」が驚《おどろ》くほど伸《の》びる本《ほん》

2009年 7 月 27 日　初版発行
2025年 7 月 12 日　51刷発行

著　者……福嶋隆史《ふくしまたかし》
発行者……塚田太郎
発行所……株式会社大和出版
東京都文京区音羽1-26-11　〒112-0013
https://daiwashuppan.com
印刷所……誠宏印刷株式会社
製本所……株式会社積信堂

ISBN978-4-8047-6164-0